ME.GA.GE.TA.BU. 2015

AF140574

Für C, F, D und das kleine X.

JENS KLAUSNITZER

ME.GA.GE.TA.BU.
2015

MEIN GANZ GEHEIMES TAGEBUCH

Bibliografische Information der Deutschen Nationalbibliothek:
Die Deutsche Nationalbibliothek verzeichnet diese Publikation in der Deutschen Nationalbibliografie; detaillierte bibliografische Daten sind im Internet über http://dnb.dnb.de abrufbar.

Internet: www.jamax.de

Illustration / Grafik / Foto:
Jens Klausnitzer

Umschlaggestaltung:
Jens Klausnitzer

Herstellung und Verlag:
BoD – Books on Demand, Norderstedt

ISBN: 978-3-7386-2542-4

WAS ICH
IN DEN VERGANGENEN
EINHUNDERT JAHREN
WAR.

1915
FRAU

Liebes Tagebuch,

heute war ich die Operette „Die Csárdásfürstin". Ich wurde im Johann-Strauß-Theater in Wien uraufgeführt. Und nach der Uraufführung reichte ich Champagner und Wiener Würstchen.

Liebes Tagebuch,

heute war ich das oberste Komitee der Olympiaspiele. Ich bin von Paris nach Lausanne umgezogen. Das ist schade, weil ich nun meine Füße nicht mehr entspannt in die Seine halten kann.

Liebes Tagebuch,

heute war ich das Frauenwahlrecht und wurde in Dänemark eingeführt. Hoffentlich ist die Auswahl bei so einer Frauenwahl nicht zu groß. Sonst kann ich mich nämlich nicht entscheiden.

1915
MANN

Liebes Tagebuch,

heute war ich der Hauptbahnhof Leipzig und wurde vollständig in Betrieb genommen. Weil ich ein Kopfbahnhof bin, kann nur etwas vorn in mich hineinfahren, aber nichts hinten aus mir hinausfahren.

Liebes Tagebuch,

heute war ich der Albert. An der Akademie der Wissenschaften von Preußen habe ich meine allgemeine Relativitätstheorie vorgetragen. Dabei war ich relativ aufgeregt.

Liebes Tagebuch,

heute war ich die Glasflasche der schwarzen Cola. Meine weiblichen Rundungen wurden nach einer berühmten Vase gestaltet und zum Patent angemeldet. Ich fühle mich trotzdem ziemlich platt.

1916
FRAU

Liebes Tagebuch,

heute war ich die Sommerzeituhr in Deutschland. Um 23:00 Uhr wurde ich eine Stunde vorgestellt. Deshalb bin ich morgens nun immer eine Stunde später hell und abends immer eine Stunde später dunkel.

Liebes Tagebuch,

heute war ich die Jungfraueninseln oder Jungferninseln. Die Vereinigten Staaten haben mich für 25 Millionen Dollar von Dänemark gekauft. Leider bekomme ich selbst keinen einzigen Cent Taschengeld.

Liebes Tagebuch,

heute war ich die Transsibirische. Ich bin nun die längste Eisenbahnstrecke der Welt. Mit dem Kopf liege ich in Moskau und mit den Füßen in Wladiwostok. Deshalb habe ich immer kalte Füße.

1916
MANN

Liebes Tagebuch,

heute war ich ein Ranger im Nationalpark. Und nun muss ich aufpassen, dass sich Bären, Wölfe und Tiger nicht an den Vulkanen und Geysiren hier die Pfötchen verbrennen. Und keine Besucher fressen.

Liebes Tagebuch,

heute war ich der Löwe von einer Filmfirma. Ich brülle immer im Vorspann. Und wenn die mich nicht ordentlich füttern, fresse ich immer gleich den ganzen Film und den ganzen Abspann.

Liebes Tagebuch,

heute war ich das Autobahnkreuz in Kleeblattform und wurde in den Vereinigten Staaten erfunden. Ich habe Rampen und Dreiviertelkreisbögen und Ohren und kann mit hoher Geschwindigkeit durchfahren werden.

1917
FRAU

Liebes Tagebuch,

heute war ich die Operette „Drei alte Schachteln" in einem Theater in Berlin. Den Titel finde ich schon ziemlich frech, schließlich bin ich nur eine einzige alte Schachtel.

Liebes Tagebuch,

heute war ich das Sonnenwunder von Fátima in Portugal. Nach einem Regen trat ich als drehende Sonnenscheibe mit bunten Lichtern vor mehr als dreißigtausend Zuschauern auf. Ich hätte Eintritt verlangen sollen.

Liebes Tagebuch,

heute war ich der Meteorit von Treysa. Ich wurde von einem Förster in einem Wald in Hessen gefunden. Dort lag ich schon fast ein Jahr herum und habe mich mächtig gelangweilt.

1917
MANN

Liebes Tagebuch,

heute war ich der erste Gabelstapler. Nun kann ich endlich ganz leicht schwere Lasten heben und stapeln. Kisten, Kästen, Kartons und Frauen.

Liebes Tagebuch,

heute war ich ein Ausschuss für Normen in der deutschen Industrie und später werde ich ein „D", ein „I" und ein „N" in meinem Namen haben. Ich sollte meinen Körperbau gleich mal als Norm für alle männlichen Körper festlegen.

Liebes Tagebuch,

heute war ich der Wladimir Iljitsch. Mit einem versiegelten Zug kehrte ich aus der Schweiz über Deutschland, Schweden und Finnland nach Russland zurück. Ich will jetzt ein Essen und dann eine Oktoberrevolution.

1918
FRAU

Liebes Tagebuch,

heute war ich die „Weiße Dame" und wurde als Felszeichnung in einer Schlucht in Namibia entdeckt. Einige Forscher behaupten, mir fehlen die weiblichen Formen und ich sei deshalb ein Jäger.

Liebes Tagebuch,

heute war ich die nach dem Geologen Wernadskyj benannte Nationalbibliothek in Kiew. Täglich werden neue Bücher in mich hineingebracht und ich nehme zu. Und die Nachbarn fragen schon, ob ich schwanger bin.

Liebes Tagebuch,

heute war ich die Nationalflagge Finnlands. Mit meinem blauen skandinavischen Kreuz auf meinem weißen Hintergrund stelle ich Seen und Schnee dar. Bestimmt wird mich bald jemand aus dem Fenster hängen.

1918
MANN

Liebes Tagebuch,

heute war ich Bayern und wurde zum Frei-
staat erklärt. Nun darf ich ganz allein über
mich bestimmen. Und muss auch nicht mehr
pünktlich zum Essen zu Hause sein oder zei-
tig ins Bett.

Liebes Tagebuch,

heute war ich der Zwilling Peaks Tunnel in
San Francisco. Ich bin einer der längsten
Straßenbahntunnel der Welt. Hoffentlich
fahren nicht zu viele Straßenbahnen durch
mich hindurch, das kitzelt doch immer so.

Liebes Tagebuch,

heute war ich der letzte in Deutschland ver-
liehene Adelstitel. Und bald werde ich König
oder Kaiser oder wenigstens eine hübsche
Prinzessin sein.

1919
FRAU

Liebes Tagebuch,

heute war ich Stickstoff und wurde künstlich in Sauerstoff umgewandelt. Ich habe keine Ahnung, wozu das gut sein soll, aber ich fühle mich gleich ein bisschen frischer.

Liebes Tagebuch,

heute war ich ein französischer Flieger und bin mit einem französischen Flugzeug in Paris durch den Triumphbogen geflogen. Das war links und rechts ziemlich knapp, aber geblitzt hat mich zum Glück niemand.

Liebes Tagebuch,

heute war ich die Arbeiterwohlfahrt. Nach meiner eigenen Gründung werde ich Nähstuben, Mittagstische und Beratungsstellen gründen. Und nach dem Mittagessen gestalte ich mein Logo und meine Internetseite.

1919
MANN

Liebes Tagebuch,

heute war ich ein schwedisches Knäckebrot. Und nun knäcke und knacke und krache ich in allen Mündern an allen Frühstückstischen. Und weil ich so laut bin, muss kein Mann mehr mit seiner Frau reden.

Liebes Tagebuch,

heute war ich der Achtstundentag in Deutschland. Ich bin nun gesetzlich vorgeschrieben und muss acht Stunden arbeiten und acht Stunden schlafen. Ein Hobby für meine acht Stunden Freizeit habe ich aber noch nicht.

Liebes Tagebuch,

heute war ich das Bauhaus in Weimar. Später werde ich Kunstschule nach Dessau umziehen und noch später nach Berlin. Meine lieben Schüler und meine bösen Lehrer nehme ich aber mit.

1920
FRAU

Liebes Tagebuch,

heute war ich die Festspiele in Salzburg. Von nun an wird der eine oder andere Jedermann hier bei mir zu sehen sein, deshalb sollte ich mir bald ein schickes Kleid und schöne Schuhe kaufen.

Liebes Tagebuch,

heute war ich eine amerikanische Frau in den USA. Nach dem Verfassungszusatz Nummer neunzehn dürfen jetzt auch wir Frauen wählen. Vielleicht wähle ich ja einmal einen Mann. Oder eine Telefonnummer.

Liebes Tagebuch,

heute war ich die Jeanne d'Arc und die Johanna von Orléans und die Jungfrau von Orléans. Also ich war sie nicht wirklich, ich war sie nur bei der Heiligsprechung durch den Papst. Aber die war wirklich toll.

1920
MANN

Liebes Tagebuch,

heute war ich ein Casino in der Schweiz. Eine Volksinitiative hat mich verboten. Was mache ich nun mit meinen ganzen Chips? Genau, die esse ich einfach abends vor dem Fernseher.

Liebes Tagebuch,

heute war ich der Orro mit dem „Z", der spanische Fuchs. Ich durfte in dem Spielfilm über mein Zeichen mitspielen und an meiner schwarzen Maske und an meinem Umhang herumspielen. Bestimmt werde ich jetzt berühmt.

Liebes Tagebuch,

heute war ich der Panamakanal. Und ich wurde heute offiziell für den Schiffsverkehr freigegeben. Seltsam, ich hatte immer das Gefühl, dass schon seit Jahren Schiffe auf mir herumfahren. So kann man sich täuschen.

1921
FRAU

Liebes Tagebuch,

heute war ich die Julia in der Operette „Der Vetter aus Dingsda" in Berlin. Ich wusste gar nicht, dass ich einen Vetter habe, aber vielleicht besuche ich den einmal in Dingsda.

Liebes Tagebuch,

heute war ich das Gemälde mit dem abziehenden Gewitter in der Herbstlandschaft von dem Rembrandt. Ich wurde aus einer Bank gestohlen und liege nun in einem alten Kartoffelsack in einer Scheune und zittere.

Liebes Tagebuch,

heute war ich die Margaret. Ich gewann einen Schönheitswettbewerb in Atlantic Stadt und wurde zur ersten Miss von Amerika erklärt. Meinen Badeanzug werde ich nie wieder ausziehen.

1921
MANN

Liebes Tagebuch,

heute war ich der elektrische Lötkolben. Ich kann lieb sein und löten, ich kann aber auch böse sein und mich aus Versehen durch einen Tisch, eine Unterhose und ein Ohr brennen.

Liebes Tagebuch,

heute war ich der Chemiker Fritz. Bei einem Experiment in meinem Hobbykeller entdeckte ich den Aggregatzustand „Plasma". Hoffentlich finde ich den morgen wieder.

Liebes Tagebuch,

heute war ich der Schauspieler Rudolph in dem Film mit dem Scheich. In dem Stummfilm fühle ich mich wie zu Hause bei meiner Frau. Da darf ich auch nicht sprechen.

1922
FRAU

Liebes Tagebuch,

heute war ich die Stadt Wien. Ab sofort bin ich ein selbstständiges Bundesland. Nachher besuche ich die anderen Bundesländer, damit ich nicht so allein bin und ein bisschen reden kann.

Liebes Tagebuch,

heute war ich das Lied der Deutschen und wurde zur Nationalhymne erklärt. Die werde ich wohl noch ein paar Jahre bleiben. Bis bei so einer Castingshow mein Nachfolger gefunden wird.

Liebes Tagebuch,

heute war ich die Senatorin Rebecca in den USA. Mit siebenundachtzig Jahren war ich die älteste Senatorin, mit einem Tag Amtszeit die kürzeste und als Frau die erste weibliche. Ob ich auch die schönste war?

1922
MANN

Liebes Tagebuch,

heute war ich Tutanchamun. So ein britischer Archäologe hat mein Grab im Tal der Könige gefunden. Dabei hatte ich mich doch so gut versteckt. Hoffentlich muss ich jetzt nicht umziehen.

Liebes Tagebuch,

heute war ich ein Standmixer. Ich drehe und drehe und drehe und gleich drehe ich durch und hebe ab. Könnte mal jemand meinen Deckel auf mich legen? Sonst spucke ich weiter Kakao.

Liebes Tagebuch,

heute war ich ein Wasserski und wurde zusammen mit einem anderen Wasserski erfunden. Jetzt müssen wir abwarten, bis die Leute mit der Pistenraupe auf dem Meer die Loipen gespurt haben.

1923
FRAU

Liebes Tagebuch,

heute war ich die marokkanische Hafenstadt Tanger. Ich bin nun eine internationale Zone und ich bin zollfrei. Deshalb müssen auch Herkules und der Sohn von Poseidon keinen Zoll zahlen, wenn sie mich besuchen.

Liebes Tagebuch,

heute war ich der Schriftzug HOLLYWOOD-LAND in den Bergen von Hollywood über Los Angeles. Irgendwann wird wohl das „H" umkippen und irgendjemand wird mir wohl das „LAND" wegnehmen. Dann bin ich aber immer noch HOLLYWOOD.

Liebes Tagebuch,

heute war ich der Sattlermeister Guccio und habe meine eigene Modemarke gegründet. Das finde ich toll, weil ich mir nun die teuren Handtaschen einfach kostenlos aus meiner Werkstatt holen kann.

1923

MANN

Liebes Tagebuch,

heute war ich das berühmte Stadion in London. Ich werde mir nachher eine Videokamera kaufen, damit es beim Finale der Fußball-Weltmeisterschaft in dreiundvierzig Jahren keinen Streit um mein Wembley-Tor gibt.

Liebes Tagebuch,

heute war ich der Walter aus Amerika. Mit meinem Bruder hab ich ein Brüder-Studio für Cartoons gegründet. Mein Bruder meint, wir sollten gleich eine Maus, einen Hund und ein paar Enten einstellen.

Liebes Tagebuch,

heute war ich die Automatikuhr. Mein Besitzer schüttelt nun den ganzen Tag fremde Hände und winkt fremden Leuten, damit ich aufgezogen werde. Da bin ich geschüttelt und auch gerührt.

1924
FRAU

Liebes Tagebuch,

heute war ich eine elektrische S-Bahn auf einer elektrifizierten Strecke in Berlin. Mit siebenhundertfünfzig Volt stehe ich mächtig unter Spannung. Das sollten besonders meine männlichen Fahrgäste wissen.

Liebes Tagebuch,

heute war ich die nach einem Grafen von Marlborough benannte Damenzigarette mit dem rosa Ende. Ob das die Männer wissen, die mich später als harte Cowboys sehr männlich im Wilden Westen rauchen werden?

Liebes Tagebuch,

heute war ich die letzte Papiermark mit dem Aufdruck „Fünf Billionen Mark" auf meinem Bauch. Ich sollte gleich zum Bäcker gehen und mir mit mir noch schnell ein Brot kaufen.

1924
MANN

Liebes Tagebuch,

heute war ich die Schwebebahn am Fichtel-
berg im Erzgebirge. Ich schwebe nicht, ich
hänge an einem Seil. Das kann wegen meines
Gewichtes im Notfall aber nicht durch eine
Feinstrumpfhose ersetzt werden.

Liebes Tagebuch,

heute war ich die Seen-Autostrada von Mailand nach Varese und damit die erste Auto-
straße der Welt. Ich werde wohl Maut kassie-
ren, wenn alle demnächst über mich rollen
wollen.

Liebes Tagebuch,

heute war ich die blaue Rhapsody. Weil ich
bei der Premiere nicht genug Musiker vorrä-
tig hatte, mussten manche zwei, drei oder
vier Instrumente spielen. Das war vielleicht
ein Durcheinander.

1925
FRAU

Liebes Tagebuch,

heute war ich die ein wenig unappetitliche Schädelkalotte des Ehringsdorfer Urmenschen. Zwei Männer haben mich in einem Steinbruch ausgegraben und mir Dach auf dem Kopf ein Dach über dem Kopf gegeben.

Liebes Tagebuch,

heute war ich die norwegische Hauptstadt Christiania oder Kristiania. Ich habe gerade meinen früheren Namen Oslo wiederbekommen, der irgendwo versteckt zwischen den Handtüchern im Schrank lag.

Liebes Tagebuch,

heute war ich die erste Wurfsendung der Post und wurde in einen Briefkasten geworfen. Nun warte ich auf den Besitzer des Briefkastens, damit der mich aus dem engen Kasten holt.

1925
MANN

Liebes Tagebuch,

heute war ich das erste Kreuzworträtsel in einer Zeitschrift. Leider stehen nun alle Menschen um mich herum und schreiben waagerecht und senkrecht Buchstaben auf meinen Körper.

Liebes Tagebuch,

heute war ich das erste Hochhaushotel in Dallas. Ich habe Angst, dass die blonde Tochter von dem Hotelbesitzer mit ihrem riesigen Hund einmal in mir übernachtet. Also vor dem riesigen Hund habe ich keine Angst.

Liebes Tagebuch,

heute war ich die aus zwei Firmen entstandene eine Firma mit dem Katzen-Logo. Allerdings stelle ich als weltgrößter Hersteller keine Pillen für Kater, sondern Baumaschinen her.

1926
FRAU

Liebes Tagebuch,

heute war ich die gestern erfundene Sprüh-
dose. Ab morgen bin ich täglich bei meinen
Freundinnen, weil ich die kostenlos mit
Haarlack, Schlagsahne und Motorenöl ein-
sprühen soll.

Liebes Tagebuch,

heute war ich das kleine Schwarze von der
Frau Coco. Ich werde auch das kleine
Schwarze sein, wenn ich mich um eine große
Frau spanne. Dann bin ich sogar noch span-
nender.

Liebes Tagebuch,

heute war ich die Fluglinie mit dem Kranich
und kann endlich fliegen. Gleich werde ich
mir einen Kaffee und ein Wasser und ein
Sandwich bringen und nachher werde ich
zollfrei einkaufen.

1926
MANN

Liebes Tagebuch,

heute war ich die grüne Woche für die Besucher in den grünen Lodenmänteln und für alle. Nach dieser einen Woche muss ich bestimmt durch Käse und Getreide wie eine Kuh ein Bäuerchen machen.

Liebes Tagebuch,

heute war ich das Kinderbuch mit dem Winnie-Bär und erschien in einem englischen Verlag. Ich nehme an, dass ich nun oft einschlafenden Kindern auf das Gesicht fallen werde.

Liebes Tagebuch,

heute war ich ein Freischwinger, also nichts Unanständiges, nur ein Stuhl ohne Hinterbeine. In der Werkstatt warte ich nun auf jemanden, der sich auf mich setzt und auf mir schwingt.

1927
FRAU

Liebes Tagebuch,

heute war ich die Muttermilchpumpe und habe mich zuerst an der Brust des Postboten ausprobiert. Aber bei dem war milchmäßig leider nichts zu holen.

Liebes Tagebuch,

heute war ich die Frau Hildegard und die erste Miss im Wettbewerb in Germany. Gewählt wurde ich im Berliner Sportpalast auch von dem berühmten Boxer Max. Der hat mir aber zum Glück keinen linken Haken, sondern nur eine Blumenkrone gegeben.

Liebes Tagebuch,

heute war ich das Radsport-Trikot mit den fünf Regenbogenstreifen in Brusthöhe für Radsport-Weltmeister. Meine Freundinnen werden garantiert staunen, wenn sie mich in mir sehen, und ich werde mich nie mehr ausziehen.

1927

MANN

Liebes Tagebuch,

heute war ich das flüssige Haarwaschmittel. Endlich muss ich mir keine Seife mehr auf meinen Kopf bröseln oder Pulver auf meine Haare streuen. Bei der nächsten Haarwäsche probiere ich mich aus, also in einem Jahr.

Liebes Tagebuch,

heute war ich das erste Paket in einem Versandhaus. Mit einer Briefmarke auf dem Kopf wurde ich zur Post gebracht. Nun muss ich ganz freundlich schauen, damit ich nicht zurückgeschickt werde.

Liebes Tagebuch,

heute war ich der Charles und bin als erster Mensch allein und ohne Boxenstopp von New York nach Paris geflogen. Und jetzt brauche ich ein Essen und ein Trinken und eine Toilette und ein Bett.

1928
FRAU

Liebes Tagebuch,

heute war ich das Penicillin und fiel nach dem Sommerurlaub einem Forscher auf. Der will mich Schimmelpilz nun in Apotheken den Kranken reichen lassen. Zusammen mit den Apotheken-Zeitschriften wahrscheinlich.

Liebes Tagebuch,

heute war ich der Luxuszug Rheingold. Ich koche selbst und serviere am Platz, auf Porzellan mit Silberbesteck in holzgetäfeltem Ambiente. Und irgendwann fahre ich auch mal nach Nirgendwo.

Liebes Tagebuch,

heute war ich die Dreigroschenoper und wurde in einem Theater in Berlin uraufgeführt. Wer mich sehen wollte, musste allerdings mehr als drei Groschen Eintritt bezahlen.

1928
MANN

Liebes Tagebuch,

heute war ich eine Maus und werde bald berühmt sein. Schwarze Ohren hatte ich ja schon immer, aber die weißen Hände stören mich schon ein bisschen.

Liebes Tagebuch,

heute war ich der Geigerzähler von Hans und Walther. Ich habe gleich mal die Geiger in unserem Sinfonieorchester gezählt. Es sind genau dreiundvierzig.

Liebes Tagebuch,

heute war ich das Toilettenpapier auf der Rolle und ziemlich von der Rolle. Weil ich Rolle meinem ersten Benutzer aus der Hand gefallen und durch den Raum gerollt bin. Hallo, hier bin ich!

1929
FRAU

Liebes Tagebuch,

heute war ich der Teebeutel. Ich hänge an einem seidenen Faden unter Wasser, bekomme keine Luft mehr und laufe vor Schreck aus. Das habe ich nicht gewollt.

Liebes Tagebuch,

heute war ich der Preis mit dem Spitznamen Oscar und wurde bei einem Essen zum ersten Mal verliehen. So nackt und so golden friere ich ein wenig, ich sollte mir vielleicht einen Bademantel überziehen.

Liebes Tagebuch,

heute war ich Emil und seine ganzen Detektive. Also ich war natürlich nicht Emil, ich war seine Cousine Pony von seinen ganzen Detektiven. Und morgen rufe ich mal diesen schönen Detektiv Sherlock wegen eines Praktikums an.

1929
MANN

Liebes Tagebuch,

heute war ich ein Papiertaschentuch. Mit Tempo möchte ich nun ganz schnell in die Handtaschen und in die Jackentaschen und in die Hosentaschen aller Frauen.

Liebes Tagebuch,

heute war ich der Seemann mit dem schiefen Gesicht, der Kapitänsmütze, der Pfeife und der Tätowierung auf dem Unterarm. Nachher muss ich noch zum Supermarkt laufen und mit meinen dicken Armen Spinat kaufen.

Liebes Tagebuch,

heute war ich der Schwarze Donnerstag und gleichzeitig der Schwarze Freitag. Ich wollte eigentlich nur zum Zahnarzt und zum Supermarkt und nun habe ich die Weltwirtschaftskrise ausgelöst. Entschuldigung!

1930
FRAU

Liebes Tagebuch,

heute war ich die Marlene als Lola Lola. Mit meiner Reizwäsche habe ich in dem Film mit dem blauen Engel einen Professor so gereizt, dass der mich gleich geheiratet hat. Das fand ich reizend.

Liebes Tagebuch,

heute war ich der Supermarkt und alle Leute laufen nun in mir herum und finden nichts. Sollten die morgen etwas finden, baue ich mich übermorgen um, damit die überübermorgen wieder nichts finden.

Liebes Tagebuch,

heute war ich die Frau Marple und habe meinen ersten Fall gelöst. Leider ist nun auch das Stricken mein Hobby, was mit den beiden Nadeln ziemlich gefährlich zu sein scheint.

1930
MANN

Liebes Tagebuch,

heute war ich das erste Autoradio der Welt. Ich bin lauter als der Motor vorn und lauter als die Sirene von einem Streifenwagen hinten. Und ich bin sogar lauter als eine Ehefrau auf dem Beifahrersitz.

Liebes Tagebuch,

heute war ich der Zwergplanet Pluto. Schade, ich wollte nicht entdeckt werden, weil ich nicht wie mein Planeten-Kollege Saturn für einen Elektronik-Markt arbeiten will.

Liebes Tagebuch,

heute war ich der Mahatma. Mit ein paar Freunden bin ich im gewaltfreien Salzmarsch zum Meer gelaufen, um indisches Salz zu holen. Da waren die Briten vielleicht sauer.

1931
FRAU

Liebes Tagebuch,

heute war ich das Empire-State-Gebäude in New York. Und strahle ab sofort wie jede Frau an verschiedenen Feiertagen in verschiedenen Farben. Vielleicht besucht mich der Kong King ja einmal.

Liebes Tagebuch,

heute war ich die Greta in dem Film mit der „Mata" und der „Hari". Die Kostüme waren so prächtig, die werde ich wohl einfach mit nach Hause nehmen. Dann muss ich nie mehr beim Versandhaus bestellen.

Liebes Tagebuch,

heute war ich ein Tampon. Ich habe mich aus Spaß in der Hosentasche eines Mannes versteckt. Und warte nun kichernd darauf, wie der mich seiner Frau erklärt.

1931
MANN

Liebes Tagebuch,

heute war ich der erste Elektrorasierer. Von nun an werde ich immer sehr dicht an Männergesichtern sein. Viel lieber wäre mir natürlich der Einsatz an Frauenbeinen, denn die sind viel schöner.

Liebes Tagebuch,

heute war ich Anton und nicht Pünktchen. Pünktchen ist meine Freundin, das stimmt. Aber es stimmt nicht, dass Doppelpünktchen und Kommachen auch meine Freundinnen sind.

Liebes Tagebuch,

heute war ich das Koaxialkabel. Ich Antennenkabel für das Fernsehen habe nun ein Patent auf mich, nun muss ich nur noch die Fernbedienung von einer Frau haben.

1932
FRAU

Liebes Tagebuch,

heute war ich der Zwickelerlass und sorge jetzt dafür, dass Frauen und Männer Badeanzüge mit angeschnittenen Beinen tragen müssen. Was angeschnittene Beine sind, weiß ich allerdings nicht.

Liebes Tagebuch,

heute war ich der Bubo bubo aus der Ordnung der Eulen, aber nicht der Vogel, sondern der Kleber. Ich kann in einem Haushalt alles und jeden zusammenkleben. Vielleicht sogar die Ober- und die Unterlippe einer Schwiegermutter.

Liebes Tagebuch,

heute war ich ein Positron. Weil ich immer positiv geladen bin, werde ich gleich mal in die Stadt gehen und nach einem Elektron suchen, mit dem ich mal einen Kaffee trinken kann.

1932
MANN

Liebes Tagebuch,

heute war ich der Affenmensch Tarzan in dem Film mit dem Affenmenschen Tarzan. Meine Nachbarn haben gesagt, dass sie schon immer gesagt haben, dass ich ein Affenmensch bin.

Liebes Tagebuch,

heute war ich ein Reinigungsmittel und habe die Denkmäler von Goethe und Schiller in Weimar gereinigt. Die Jungs waren dann zwar sauber, wollten aber trotzdem keine Fortsetzung von dem Faust und der Glocke schreiben.

Liebes Tagebuch,

heute war ich die erste Autobahn „A" mit der Nummer fünfhundertfünfundfünfzig. Beachten Sie bitte, dass auf mir das Wenden, das Halten und das Parken verboten sind und nur Kraftwagen mich benutzen dürfen.

1933
FRAU

Liebes Tagebuch,

heute war ich das Polohemd mit dem lachenden Krokodil. Männer werden mich von nun an jahrelang durch die Gegend tragen. Leider auch schwitzende und schwere Männer und Männer mit bösem Brusthaar.

Liebes Tagebuch,

heute war ich durch einen Zufall die Wahrscheinlichkeitsrechnung. Schülerinnen und Schüler müssen mit hoher Wahrscheinlichkeit damit rechnen, dass sie noch in vielen Jahren mit mir rechnen müssen.

Liebes Tagebuch,

heute war ich die aufgehobene Prohibition in den Vereinigten Staaten. Also nicht aufgehoben, weil ich gefallen war, sondern aufgehoben, weil ich den durstigen Menschen nicht mehr gefallen habe. Prost!

1933
MANN

Liebes Tagebuch,

heute war ich das Sturmfeuerzeug mit Benzin. Ich bin mit einer Hand zu bedienen, habe lebenslange Garantie und werde bei Bedarf kostenlos repariert. Welcher Mann kann das schon von sich behaupten?

Liebes Tagebuch,

heute war ich Kong King in dem Film mit mir und mit der weißen Frau. Ich denke, ich werde nach den Dreharbeiten noch ein paar Tage in New York verbringen und auf die Freiheitsstatue klettern.

Liebes Tagebuch,

heute war ich die Vier-Pfennig-Münze und wurde für ungültig erklärt, weil mich die Menschen nicht leiden können. Egal, dann bin ich eben ab morgen die Drei-Pfennig-Münze.

1934
FRAU

Liebes Tagebuch,

heute war ich der erste öffentliche Waschsalon und freue mich schon auf die schmutzige Wäsche, die zu mir gebracht wird. Dann darf ich ab und zu auch mal richtig schäumen und richtig kochen.

Liebes Tagebuch,

heute war ich die Lao-tse-Perle. Ein Taucher hat mich größte Perle der Welt vor einer Insel in einer Muschel gefunden und mich mit nach Hause genommen. Nun hänge ich über sechs Kilogramm schweres Ding am Hals seiner Frau.

Liebes Tagebuch,

heute war ich die erste Fernsehübertragung in Deutschland. Die Zuschauer meinen, dass ich nicht bunt und nicht scharf und nicht gut zu verstehen bin. Aber das bin ich ja auch sonst nicht.

1934
MANN

Liebes Tagebuch,

heute war ich die Hintergrundmusik in Aufzügen und Geschäften. Ich soll die Leute fröhlich stimmen, aber mich selbst stimme ich traurig. Weil ich mich nach nur einem Tag selbst nicht mehr hören kann und mich einfach nur noch abschalten will.

Liebes Tagebuch,

heute war ich ein Katzenauge und nun klebe ich Katzenauge an einem Fahrrad. Und in der Nacht denkt jeder, eine Katze fährt auf einem Fahrrad und funkelt.

Liebes Tagebuch,

heute war ich die Ente Donald. Ich bin nun Schauspieler und werde mir gleich ein paar Autogrammkarten anfertigen lassen, vielleicht werde ich ja berühmt.

1935
FRAU

Liebes Tagebuch,

heute war ich der Lügendetektor oder auch der Polygraf. Mein Blutdruck war hoch, mein Puls war hoch, meine Atmung war schnell und meine Haut war feucht. Ungelogen. Weil ich mich im Spiegel gesehen habe.

Liebes Tagebuch,

heute war ich die Richterskala und muss wahrscheinlich die Stärke der Richter bewerten. Der erste Richter hatte eine Stärke sieben in seinem Prozess und der letzte Richter eine Stärke eins. Der hatte noch nicht gefrühstückt.

Liebes Tagebuch,

heute war ich das erstmals isolierte Testosteron. Ich möchte gar nicht darüber nachdenken, wo ich bei Männern produziert werde, ich möchte nur ein paar Muskeln und ein paar Barthaare für meinen Nachbarn produzieren.

1935
MANN

Liebes Tagebuch,

heute war ich das Nylon. Es ist unwichtig, dass ich so ein Polyhexamethylenzeug bin, es ist nur wichtig, dass ich an Frauenbeinen besser aussehe als Kohlenstoff, Wasser und Luft.

Liebes Tagebuch,

heute war ich der junge König von Thailand, der wie eine Margarine heißt. Ich bin erst neun Jahre und gehe in der Schweiz zur Schule, deshalb muss das mit dem Regieren warten, bis ich die Hausaufgaben erledigt habe.

Liebes Tagebuch,

heute war ich das erste landesweit verkaufte Dosenbier in den Vereinigten Staaten. Wenn ich nach einem langen Tag leer bin und der Biertrinker voll ist, wird der meinen Körper zerdrücken und mich wegwerfen.

1936
FRAU

Liebes Tagebuch,

heute war ich das Schiff „Königin Maria" und fuhr auf meiner Jungfernfahrt von Southampton nach New York. Sehen konnte ich wegen des dichten Nebels aber leider nicht viel. Musste ich auch nicht, ich war sowieso seekrank.

Liebes Tagebuch,

heute war ich die mittelalterliche Moorleiche Bockstensmann. Meine Klamotten sind noch völlig in Ordnung, diese Wissenschaftler sollten vorsichtig sein, damit das auch so bleibt.

Liebes Tagebuch,

heute war ich die Panamericana. Durch mich und über mich Straßensystem kann ich schnell mal von ganz oben in Nordamerika nach ganz unten in Südamerika zum Shoppen fahren. Ohne einen Mann.

1936
MANN

Liebes Tagebuch,

heute war ich die winterlichen Olympiaspiele in Garmisch-Partenkirchen und die sommerlichen Olympiaspiele in Berlin. Und deshalb weiß ich nun nicht, ob ich eine Badehose oder eine Pudelmütze tragen soll.

Liebes Tagebuch,

heute war ich der Wolf mit dem Peter. Posaune, Fagott, Klarinette, Querflöte und all die Instrumente fand ich aber nicht ganz so lecker wie die sieben Geißlein, die ich vorher gefressen habe.

Liebes Tagebuch,

heute war ich der kurze König Eduard. Kurz bin ich nicht körperlich, kurz bin ich nur amtlich, weil ich nach nur zehn Monaten abdanken und mich bei meiner Krone bedanken muss.

1937
FRAU

Liebes Tagebuch,

heute war ich der Asteroid „Hermes" und wurde von einem Astronomen entdeckt. Peinlich, weil der mich ungeschminkt und mit ungewaschenen Haaren und im Nachthemd erwischt hat.

Liebes Tagebuch,

heute war ich ein Einkaufswagen. Kinder sitzen in mir drin, Männer liegen auf mir drauf und Frauen halten sich an mir fest. Ich bin also besser als jeder Familienhund.

Liebes Tagebuch,

heute war ich das erste Kinderheft mit dem Lurch von der Schuhfirma mit dem Lurch. Und nun soll ich die genervten Kinder der genervten Schuhkäufer beruhigen. Während die Alten auch noch ihre alten Schuhe ausziehen.

1937
MANN

Liebes Tagebuch,

heute war ich der Halbling und tauchte zum
ersten Mal in dem Mittelland oder so auf. Ich
muss nachher meine Wohnhöhle aufräumen,
weil mich morgen ein Zauberer und dreizehn
Zwerge besuchen wollen.

Liebes Tagebuch,

heute war ich ein Donnerkeil-Automobil und
bin auf einem Salzsee mit über fünfhundert
Kilometern pro Stunde einen Weltrekord für
Automobile gefahren. Danach musste ich
mich übergeben.

Liebes Tagebuch,

heute war ich der letzte Bali-Tiger auf Bali.
Ich wurde heute erlegt, trotzdem wollen mich
Leute noch bis in die Siebziger gesehen haben. Jetzt bin ich nicht mehr sicher, ob ich
nicht doch nur der vorletzte Bali-Tiger bin.

1938

FRAU

Liebes Tagebuch,

heute war ich die erste Fotokopie. Zu meiner großen Freude war ich als Kopie nicht so schön wie als Original. Schließlich kann ich als Frau keine Konkurrenz durch mich selbst brauchen.

Liebes Tagebuch,

heute war ich die erste Zahnbürste mit Nylon-Borsten. Allerdings bin ich zurzeit noch so hart, dass ich mit meinen harten Borsten dem Bürstenbenutzer das Zahnfleisch bis zur Zahnwurzel aufreiße.

Liebes Tagebuch,

heute war ich der Komoren-Quastenflosser in einem Fischernetz und damit ein lebendes Fossil. Wenn man seit der Kreidezeit als ausgestorben gilt, fühlt man sich aber auch so.

1938
MANN

Liebes Tagebuch,

heute war ich der Supermann und ab morgen werde ich als Superheld gegen die Bösewichte kämpfen. Leider muss ich dabei einen blauen Anzug mit einem „S", einen Umhang und einen riesigen roten Schlüpfer tragen.

Liebes Tagebuch,

heute war ich der Anrufbeantworter. Anrufe muss ich aber nicht beantworten, ich muss mir nur das Geschwätz der Anrufer anhören. Und das ist bei der Schwiegermutter besonders schlimm.

Liebes Tagebuch,

heute war ich der Instantkaffee. Ich bin löslich und lecker und werde in eine mit heißem Wasser gefüllte Tasse springen und mich Besuchern als Begrüßungsgetränk anbieten.

1939
FRAU

Liebes Tagebuch,

heute war ich die Scarlett und ich war durch die beiden Männer Rhett und Ashley in meinem Leben ziemlich vom Winde verweht. Hoffentlich verweht dieser Wind nicht auch noch meine Frisur.

Liebes Tagebuch,

heute war ich das erste Neujahrskonzert der Philharmoniker von Wien. Mein Termin ist ungünstig, weil ich dann zu Silvester nie mehr meine drei Flaschen Champagner trinken darf.

Liebes Tagebuch,

heute war ich Potsdam und habe mir durch Eingemeindung den Ort Babelsberg mit dem Filmstudio geholt. Nun warte ich auf diesen schlauen Millionär Günther mit seinen Fragen und mit seinen Millionen.

1939
MANN

Liebes Tagebuch,

heute war ich der Fledermausmann, der mit den beiden Antennen auf dem Dach. Ich hole nachher im Autohaus mein Fledermausmobil ab und unterschreibe den Mietvertrag für meine Fledermaushöhle, dann geht's los.

Liebes Tagebuch,

heute war ich der eine Mann oder der andere Mann von der einen Firma in der einen Garage im Silicon-Tal. Wir stellen aber nicht diese Silikonkissen oder Schnuller oder Kondome, sondern Computer her.

Liebes Tagebuch,

heute war ich der Albert-Kanal zwischen Lüttich und Antwerpen. Wenn ich über mich fahre, kann ich zur Nordsee fahren, ohne durch die Niederlande fahren zu müssen.

1940
FRAU

Liebes Tagebuch,

heute war ich der Nylonstrumpf. Ich wurde am „Nylon-Tag" in den Vereinigten Staaten fünf Millionen Mal paarweise verkauft. Wie ich höre, wollen mich nicht nur Frauen, sondern auch Bankräuber tragen. Furchtbar!

Liebes Tagebuch,

heute war ich das größte Passagierschiff der Welt, die Königin Elizabeth, und das werde ich wohl unheimlich lange bleiben. Auch wenn ich erst einmal heimlich nach New York fahren musste.

Liebes Tagebuch,

heute war ich die Höhlenmalereien in der Höhle von Lascaux. Weil sich so viele Menschen für mich interessieren, werde ich mich wohl rahmen und ausstellen lassen müssen.

1940
MANN

Liebes Tagebuch,

heute war ich das Kräuterzuckerbonbon aus der Schweiz, das eine Firma in der Schweiz erfunden hat. Und nun liege ich auf der Straße, weil der erste Kunde mich mit meinen dreizehn Kräutern ausgespuckt hat.

Liebes Tagebuch,

heute war ich der Charlie in der Filmsatire über den großen Diktator. Wie ich später erfuhr, soll der kleine Diktator in seiner Berghöhle vor Wut getobt haben.

Liebes Tagebuch,

heute war ich der Hubschrauber mit dem Heckrotor. Ich durfte zum ersten Mal ohne Leine fliegen, nachdem ich im vorigen Jahr noch wie der Hund des Nachbarn mit Leine fliegen musste.

1941
FRAU

Liebes Tagebuch,

heute war ich das Spitzenhäubchen in dem Film mit dem Arsen und dem Spitzenhäubchen. Weil ich das Arsen nicht sein wollte, denn das ist noch giftiger als ich.

Liebes Tagebuch,

heute war ich das Polytetrafluorethylen und wurde patentiert. Ich werde mich nachher gleich mal in meine alte Pfanne hauen und mir ein Schnitzel auf mir braten. Hoffentlich brennt das Schnitzel nicht auf mir an.

Liebes Tagebuch,

heute war ich die Mutti Courage mit ihren Kindern. Ich war die Mutti und nicht die Kinder, weil ich zu alt bin, um ein Kind zu sein. Aber als Mutti bin ich wiederum zu jung. Sollte ich besser Tante Courage sein?

1941
MANN

Liebes Tagebuch,

heute war ich der in Stein gehauene Kopf von Präsident George im nationalen Denkmal am Berg Rushmore. Ich würde mich gern mal zu meinen drei Kollegen umdrehen, aber das ist mir bisher noch nicht gelungen.

Liebes Tagebuch,

heute war ich der maltesische Falke. Leider kann ich nicht fliegen, leider kann ich nur als kleine Statue herumstehen. Aber der Privat-detektiv Humphrey findet mich trotzdem.

Liebes Tagebuch,

heute war ich das Marítimo-Museum in Barcelona. Mit den Ankern, Kanonen und Galionsfiguren, die hier herumliegen, könnte ich mir ein Schiff bauen. Aber das Flaggschiff „Real" liegt ja schon hier.

1942
FRAU

Liebes Tagebuch,

heute war ich mit minus dreißig Komma fünf Grad Celsius die kälteste Münchnerin aller Zeiten. Und da habe ich als ganz normale Frau auch kalte Hände und kalte Füße und Kopfschmerzen bekommen.

Liebes Tagebuch,

heute war ich die erste Gold-Schallplatte der Musikgeschichte. Ich gehöre nun dem Glenn und der hat gleich alle Fenster in seinem Haus zumauern lassen, um Platz für weitere Gold-Schallplatten zu schaffen.

Liebes Tagebuch,

heute war ich das Biotin und das Vitamin B7 und das Vitamin H. Ich weiß zwar nicht, wofür ich wichtig bin, aber ich bin wichtig, also werden mich wohl alle zu sich nehmen wollen.

1942
MANN

Liebes Tagebuch,

heute war ich White Weihnachten von dem Bing. Von nun an werde ich an jedem Weihnachtsfest in jedem Haus zu Hause sein. Das schafft nicht einmal der Weihnachtsmann.

Liebes Tagebuch,

heute war ich der Highway in Alaska. Weil ich müde bin, habe ich mich zwischen Kanada und Alaska gelegt und auf über zweitausend Kilometer ausgestreckt. Bald werde ich mich mit einer Asphaltdecke zudecken.

Liebes Tagebuch,

heute war ich der Jimi. Jetzt brauche ich nur noch eine E-Gitarre und eine Band, dann kann ich auf dem Festival von Woodstock auftreten.

1943
FRAU

Liebes Tagebuch,

heute war ich die Woche in Deutschland. Ich beginne nun an jedem Sonntag um 0:00 Uhr und ende an jedem nächsten Samstag um 24:00 Uhr. Nun muss ich mich vor einer Arbeitswoche ausruhen und bin danach müde.

Liebes Tagebuch,

heute war ich die Bedürfnispyramide von Maslow. Aber keine mit Kerzen, sondern eben eine mit Bedürfnissen. Ein Bedürfnis habe ich jetzt auch, ein dringendes.

Liebes Tagebuch,

heute war ich die Kluge. Aber nur in der Oper nach dem Märchen der Grimm-Brüder, sonst bin ich nämlich nicht klug. Das Kreuzworträtsel heute habe ich zum Beispiel nicht lösen können.

1943
MANN

Liebes Tagebuch,

heute war ich das lokale Betäubungsmittel Lidocain. Ich werde besonders gern bei Wurzelbehandlungen und bei Gesprächen mit der Ehefrau eingesetzt. Dann spürt man den Schmerz nicht.

Liebes Tagebuch,

heute war ich der Vulkan Paricutín in Mexiko. Am ersten Tag werde ich einen Meter hoch sein, am zweiten zehn und nach drei Tagen fünfzig Meter. Dann sollte ich mir einen neuen Strampelanzug schenken lassen.

Liebes Tagebuch,

heute war ich Nachos, also mit geschmolzenem Käse überbackene oder nur übergossene Tortilla-Chips. Der Kellner Ignacio, der mich erfunden hat, war heiß, aber ich bin mit Jalapeños noch viel heißer.

1944
FRAU

Liebes Tagebuch,

heute war ich die Postleitzahl. Ich bin zweistellig und ich bin jetzt auch für Briefe zuständig. Mit den Jahren werde ich wohl ein wenig zunehmen und dann vierstellig und fünfstellig sein. Oh Gott, dann bin ich ja dick!

Liebes Tagebuch,

heute war ich die DNA, die Desoxyribonukleinsäure. Drei kluge Männer haben festgestellt, dass ich die Erbinformationen durch die Gegend trage und nicht diese komischen Proteine. Ätsch!

Liebes Tagebuch,

heute war ich in Frankreich die „Welt"-Tageszeitung. Ich habe mich schick gemacht und bin zum ersten Mal erschienen und alle haben mich voller Freude angesehen. Ein tolles Gefühl.

1944
MANN

Liebes Tagebuch,

heute war ich der Heinz in der Feuerzangen-
bowle. Aber irgendwie war ich der auch nicht,
denn freiwillig würde ich nie wieder in eine
Schule gehen. Betrunken nach einer Feuer-
zangenbowle aber wohl doch.

Liebes Tagebuch,

heute war ich Island. Weil ich nun eine Republik bin, kann ich endlich all das tun, was
mir gefällt. Zum Beispiel muss ich nicht
mehr jedem Königlichen in Dänemark bei der
Geburt einen isländischen Vornamen schenken.

Liebes Tagebuch,

heute war ich eines von über achttausend
Exponaten der Burrell-Sammlung. Ich wurde
mit meinen Freunden der Stadt Glasgow ge-
schenkt und werde bald an einer Wand hängen. Hoffentlich ist die nicht so kalt.

1945
FRAU

Liebes Tagebuch,

heute war ich eine Kuh auf der Farm der Tiere. Unsere Forderungen für den Animalismus finde ich ja gut, aber schlecht finde ich, dass kein Tier Kleider tragen soll. Soll ich denn nackt aus dem Haus gehen?

Liebes Tagebuch,

heute war ich die Nachrichten in Aachen. Mich erste Nachkriegszeitung kann man von vorn nach hinten oder von hinten nach vorn lesen. Und später kann man mit mir auch ein Wurstbrot einwickeln.

Liebes Tagebuch,

heute war ich die vereinten vielen Nationen. Meinen Sitz habe ich in New York und meine Soldaten haben blaue Helme. Damit sich die Streitenden in der Welt an der blauen Farbe erfreuen und sich nicht mehr streiten.

1945
MANN

Liebes Tagebuch,

heute war ich der Schatz einer Adelsfamilie. Ich wurde hinter dem Schloss in Moritzburg eingegraben und warte nun auf meine Ausgraber. Oder auf die drei Haselnüsse und Aschenbrödel, die bald hier sein werden.

Liebes Tagebuch,

heute war ich das Land Württemberg-Baden. Wenn ich später Teil des Landes Baden-Württemberg bin, muss ich mir neue Visitenkarten und neue Briefbögen drucken lassen. Das wird teuer.

Liebes Tagebuch,

heute war ich der internationale und nicht der nationale Fonds für die Währung. Endlich habe ich genug Geld, um mir ein tolles Notebook und ein tolles Handy zu kaufen. Ach so, das Zeug gibt es ja noch gar nicht.

1946
FRAU

Liebes Tagebuch,

heute war ich der nach einer Insel benannte Bikini. Zwei Dreiecke oben und zwei Dreiecke unten, so einfach bin ich. Und durch einen James-Film werde ich bald weltberühmt sein. Nachdem ich weltweit verboten war.

Liebes Tagebuch,

heute war ich die Frau Marthe in Frankreich und habe alle französischen Bordelle schließen lassen. Und zufällig muss der Mann meiner Freundin jetzt dienstags und donnerstags auch nicht mehr länger arbeiten.

Liebes Tagebuch,

heute war ich die erste deutsche Programmzeitschrift „Zuhören!" mit dem Radioprogramm. Ich könnte allen auch das Fernsehprogramm verkünden. Wenn alle einen Fernseher hätten. Dann müsste ich aber „Zusehen!" heißen.

1946
MANN

Liebes Tagebuch,

heute war ich ein Funksignal von der Erde zum Mond und vom Mond wieder zurück zur Erde. Auf dem Hinweg hatte ich eine Leistung von viertausend Watt, auf dem Rückweg hatte ich wunde Füße.

Liebes Tagebuch,

heute war ich das „Fringsen", also der Diebstahl von Lebensmitteln und Brennstoffen für das nackte Überleben in dieser schwierigen Zeit. Geht es mir später besser, fringse ich rückwärts und helfe Hilfsbedürftigen.

Liebes Tagebuch,

heute war ich die erste Atomuhr. Allerdings wäre es mir lieber gewesen, wenn ich eine Armbanduhr gewesen wäre. Als Armbanduhr mit einer Feder lebt man nicht so gefährlich wie mit einem Atom.

1947
FRAU

Liebes Tagebuch,

heute war ich der erste Mikrowellenherd. Ich bin einen Meter achtzig hoch, über dreihundert Kilogramm schwer und wassergekühlt. Hat jemand eine passende Küche, in die ich passe? Sonst muss ich passen.

Liebes Tagebuch,

heute war ich die Brüste von dem Tiresias in einer Oper. Leider habe ich bei dem Durcheinander auf der Bühne den Überblick verloren und weiß nun nicht mehr, ob ich an einer Frau oder an einem Mann hänge.

Liebes Tagebuch,

heute war ich die Sofortbildkamera. Ich kann die Sofortfotos von mir nun sofort betrachten und sofort wegwerfen, weil ich mich zu dick finde. Ich muss die nicht erst später betrachten und später wegwerfen.

1947
MANN

Liebes Tagebuch,

heute war ich der Spiegel. Ich werde mal schauen, welche Frauen in mich hinein-schauen, auch wenn ich nicht im Flur hänge, sondern als Nachrichtenmagazin auf dem Tisch liege. Vielleicht bekomme ich ja sogar einen Strauß?

Liebes Tagebuch,

heute war ich ein Tampon der Marke „ohne Binde". Und nun befürchte ich, dass mich der Mann von der Frau mit einer weißen Pa-trone verwechselt und in sein Jagdgewehr einführt.

Liebes Tagebuch,

heute war ich das chemische Element Prome-thium. Mit mir und meinen Freunden ist das Periodensystem nun komplett und wir kön-nen gemeinsam die Schüler in den Schulen quälen.

1948
FRAU

Liebes Tagebuch,

heute war ich die Deutsche Mark. Mich allei-
niges gesetzliches Zahlungsmittel werden
nun alle verwenden und verschenken und
später mal in einen Einkaufswagen stopfen.
Da haben es die Kollegen Pfennige gut.

Liebes Tagebuch,

heute war ich die Luftbrücke von Berlin.
Über mich werden mit den Rosinenbombern
tonnenweise Kartoffeln, Getreide, Kohlen,
Medikamente und Benzin nach Berlin trans-
portiert. Und Schokolade für die Kinder.

Liebes Tagebuch,

heute war ich der Bergmann Adolf im Erzgebirge. Ich habe in einer Schicht meine Kohle-
Förder-Norm mit fast vierhundert Prozent
leicht übererfüllt. Meine Kollegen freuten
sich leider nicht mit mir.

1948
MANN

Liebes Tagebuch,

heute war ich der Bulli-Kleinbus. Als Transporter transportiere ich Polizisten, Diebe, Schauspieler, Bundeskanzler, Schränke, Rohre und Hunde. Also den ganzen Kram, den niemand sonst transportieren will.

Liebes Tagebuch,

heute war ich der Flughafen Tegel in Berlin. Ich wurde in neunzig Tagen errichtet, ich bin also der Beweis dafür, dass in Berlin Flughäfen in weniger als einhundert Jahren gebaut werden können.

Liebes Tagebuch,

heute war ich ein volkseigener Betrieb, ein „VEB". Und bald werden meine Mitarbeiter herausfinden, dass aus mir eine Menge herauszuholen ist. Eine Bohrmaschine für zu Hause zum Beispiel.

1949
FRAU

Liebes Tagebuch,

heute war ich an einem Imbissstand in Berlin die erste Currywurst. Es ist in Ordnung, dass ich mit dem Tomatenzeug übergossen werde. Aber muss ich denn immer zerschnitten werden? Das tut doch weh!

Liebes Tagebuch,

heute war ich die Bundesrepublik Deutschland und die Deutsche Demokratische Republik. Hoffentlich ist der Spuk bald vorbei und ich kann wieder ein einziges Land mit einem einzigen Kanzler sein.

Liebes Tagebuch,

heute war ich die freiwillige Selbstkontrolle, also die zur Prüfung der Altersfreigabe von Medien. Jetzt haben alle Angst vor mir, weil ich die bunten Alterskleber auf Filme, Videokassetten, DVDs und blaue Scheiben klebe. Hat die eigentlich schon jemand erfunden?

1949
MANN

Liebes Tagebuch,

heute war ich der Schnuller. Das Baby wollte mich Schnuller und nicht mehr die Brust der Mutter. Bei dem Vater war es genau umgekehrt. Deshalb hat der Vater jetzt mich Schnuller zur Beruhigung.

Liebes Tagebuch,

heute war ich der Roman „Ein Jahr nach dem Jahr 1983" von dem George. Weil ich jetzt weiß, wie überwacht wird, werde ich mal meinen Nachbarn überwachen. Wenn der wach ist, aber auch, wenn der nicht wach ist.

Liebes Tagebuch,

heute war ich der Sepp. Als Bundestrainer werde ich nach dem Training gleich mal mit dem Herrn Sönke das Filmen für die WM 1954 trainieren. Ich hab da so ein gutes Gefühl.

1950
FRAU

Liebes Tagebuch,

heute war ich das Technische Hilfswerk. Nun kann ich mit technischer Hilfe meinen übergewichtigen Mann von der Couch ziehen, wenn der seine Schwiegermutter wieder nicht besuchen will.

Liebes Tagebuch,

heute war ich die Freiheitsglocke im Schöneberger Rathaus in Berlin. Ich wiege über zehn Tonnen und jeder kann mich an jedem Tag mittags um zwölf Uhr in der ganzen Stadt hören. Also bin ich eine ganz normale Hausfrau.

Liebes Tagebuch,

heute war ich die erste Volkszählung in der Bundesrepublik. Als ich fast fertig war, klingelte die Nachbarin an der Wohnungstür und wollte Salz haben. Und nun zähle ich alles noch einmal.

1950
MANN

Liebes Tagebuch,

heute war ich der Elefant Tuffi und bin aus der Schwebebahn in Wuppertal in die zehn Meter tiefer fließende Wupper gesprungen und unverletzt gelandet. Manchmal verliert man eben als Zirkustier einfach die Nerven.

Liebes Tagebuch,

heute war ich das Ministerium für Staatssicherheit. Vielleicht sollte ich gleich nach dem Mittagessen mit dem Schreddern meiner Akten beginnen. Damit ich in neununddreißig Jahren fertig bin.

Liebes Tagebuch,

heute war ich das erste deutsche Fernsehprogramm. Bevor ich mit meinem Fernsehprogramm beginne, werde ich mir erst einmal ein schönes Testbild gestalten. Damit die Menschen nach dem Fernsehprogramm damit schön aufwachen.

1951
FRAU

Liebes Tagebuch,

heute war ich ein Klettverschluss. Und nun hoffe ich sehr, dass ich an einer Frauenhandtasche eingesetzt werde. Und nicht an einem Männersportschuh oder an einer Babywindel.

Liebes Tagebuch,

heute war ich das Konformitätsexperiment zur Wirkung des Gruppenzwangs. Und nun weiß ich endlich, warum ich immer die teuren Schuhe kaufen muss, wenn ich mit Freundinnen in der Stadt bin.

Liebes Tagebuch,

heute war ich eine Flasche Wein aus dem Gebiet Boscholäs und darf schon am fünfzehnten Dezember verkauft werden. Bis dahin sehe ich beim Gärprozess den Trauben in mir beim Platzen zu. Das ist lustig.

1951
MANN

Liebes Tagebuch,

heute war ich der Airbag. Und nun benehme ich mich wie jeder andere Mann: Ich explodiere ohne Vorwarnung, ich blase mich wahnsinnig auf und ich rette Frauen und Kinder. Und danach falle ich zusammen.

Liebes Tagebuch,

heute war ich die erste Verpackung in der Form eines Tetraeders auf dem Markt. Ich werde aber noch über einige Fragen nachdenken: Wie bekommen Kühe ihre Milch in mich Tetraeder hinein? Und kann man eine Frau auf ein Tetraeder Wein einladen?

Liebes Tagebuch,

heute war ich der Parsifal bei den ersten Festspielen von Richard Wagner in Bayreuth nach dem Krieg. Ich darf aber noch nicht duschen, ich muss nachher noch Siegfried, der fliegende Holländer und Tristan sein.

1952
FRAU

Liebes Tagebuch,

heute war ich nicht das Bild oder der Bild, sondern die Zeitung mit den vielen Bildern. Ich überlege gerade, ob ich noch zehn Pfennig für mich verlangen darf, wenn ich mich selbst als Seite-1-Girl ausziehe.

Liebes Tagebuch,

heute war ich Sachsen in der DDR. Nun leben die so sehr seltsam sprechenden Menschen eben nicht mehr im Land Sachsen, nun leben sie in den Bezirken Leipzig, Dresden und Chemnitz.

Liebes Tagebuch,

heute war ich die Pummerin des wiederaufgebauten Stephansdoms in Wien. Als größte Glocke Österreichs muss ich nur zu besonderen Anlässen wie dem Neujahrsläuten arbeiten. Ein ruhiger Job also.

1952
MANN

Liebes Tagebuch,

heute war ich das Metall-Modell-Spielzeug-auto in Streichholzschachtelgröße. Ich brauche kein Benzin und ich brauche keinen Parkplatz. Und ich brauche auch keine Frau, die auf dem Beifahrersitz meckert.

Liebes Tagebuch,

heute war ich ein alter Mann und das Meer. Ich hatte es aber einfacher als der andere alte Mann und das andere Meer bei dem Ernest, denn ich alter Mann musste nur mit einem Karpfen kämpfen.

Liebes Tagebuch,

heute war ich der Begrüßungskapitän an der Schiffsbegrüßungsanlage vor Hamburg. Wenn Schiffe anfahren oder abfahren, begrüße oder verabschiede ich sie mit ihrer Flagge oder mit ihrer Nationalhymne. So nett bin ich.

1953
FRAU

Liebes Tagebuch,

heute war ich die erste wasserfeste Wimperntusche. Ich werde jetzt eine Stunde heulen, eine Stunde tauchen und mich dann mit dem Gartenschlauch abspritzen. Wenn ich dann immer noch halte, kann ich mich verkaufen.

Liebes Tagebuch,

heute war ich die erste Fliegenklatsche. Ich möchte aber nicht gleich auf das Insekt schlagen, ich möchte erst mit ihm reden. Aber das ist wie ein Mann, das hört einfach nicht zu.

Liebes Tagebuch,

heute war ich die Krönung. Aber nicht die Kaffee-Krönung in der grünen Kaffee-Tüte, sondern die Krönung der Königin auf der Insel. Ich war schön und ich war im Fernsehen.

1953
MANN

Liebes Tagebuch,

heute war ich ein Schülerlotse und ich habe Schüler vor der Schule über die Straße ge-lotst. Dabei habe ich es den Autofahrern mit meiner groben Kelle ordentlich gegeben.

Liebes Tagebuch,

heute war ich der Berg Everest. Ich durfte heute meine ersten Gäste begrüßen, den Ed-mund und den Tenzing. Zum Glück konnte ich Kaffee und Kuchen und einen Eierlikör anbieten.

Liebes Tagebuch,

heute war ich die Kiste mit Puppen in Augs-burg. Ich war zum ersten Mal im Fernsehen und bald werde ich Kiste mit Puppen in der Kiste mit Flimmern berühmter sein als alle anderen Kisten.

1954
FRAU

Liebes Tagebuch,

heute war ich die erste Filterkaffeemaschine der Welt. Ich werde mich gleich mal mächtig erhitzen und dann mein heißes Wasser durch mein kaltes Kaffeepulver laufen lassen. Irgendwie dufte ich schon schön.

Liebes Tagebuch,

heute war ich die erste Minigolf-Anlage am Lago Maggiore. Ich setze mich aber gleich in den nächsten Flieger und arbeite den Sommer über auf Mallorca. Da verdiene ich mehr als hier.

Liebes Tagebuch,

heute war ich das erste Transistorradio. Männer können mich nun in ihren Hosentaschen durch die Stadt tragen und mit mir angeben. Und ich darf sehr laut sein.

1954
MANN

Liebes Tagebuch,

heute war ich die deutsche Fußball-National-mannschaft. Als Weltmeister muss ich mit dem Zug nach Hause fahren. Dann werde ich mir den nächsten Titel lieber gleich zu Hause holen.

Liebes Tagebuch,

heute war ich der süße Heinrich. Nein, ich war kein süßer Tänzer und auch kein süßer Sänger. Ich war der Zuckerstreuer, der Zucker in alle Kaffeetassen streut.

Liebes Tagebuch,

heute war ich der Mann von den Ringen. Den einen Ring kann ich aber nirgendwo finden, den habe ich vor dem Baden irgendwo im Badezimmer verlegt. Hoffentlich macht niemand aus meiner Ring-Suche einen Ring-Film.

1955
FRAU

Liebes Tagebuch,

heute war ich die Bundeswehr. Ich werde mir nun ständig junge Männer holen, sie in Uniformen stecken und ihnen bei Schlammspielen zusehen. Wenn ich alt bin, nehme ich dann nur noch alte Freiwillige.

Liebes Tagebuch,

heute war ich das Lotto mit den sechs Zahlen in Deutschland. Die wollen mir jetzt an jedem Samstag und an jedem Mittwoch sechs Kugeln mit Zahlen ziehen. Solange die mir keinen Zahn ziehen, dürfen die das.

Liebes Tagebuch,

heute war ich das erste Comicheft in der DDR, das mit den drei Kobolden. Wenn man mich kaufen möchte, sollte man am Zeitungskiosk sehr freundlich sein. Oder etwas zum Tauschen mitbringen.

1955
MANN

Liebes Tagebuch,

heute war ich die Europaflagge mit den zwölf Sternen. Noch flattere ich an einem Fahnenmast. Aber bald werde ich an einem Kfz-Kennzeichen eingesetzt. Und bekomme auf der Autobahn die Fliegen ins Gesicht.

Liebes Tagebuch,

heute war ich das heitere Beruferaten im deutschen Fernsehen. Nachdem ich mir ein Schweinderl ausgesucht und eine typische Handbewegung gemacht habe, frage ich mich nun: „Wer bin ich?"

Liebes Tagebuch,

heute war ich der Zauberstab für die Hausfrau. Nein, natürlich nicht so einer, pfui, ein anderer, ein Stabmixer. Und nun rotiere ich den ganzen Tag mit der süßen Hausfrau durch saures Obst und saures Gemüse.

1956
FRAU

Liebes Tagebuch,

heute war ich Genex. Über meinen Katalog können Westmenschen mit Westmark meistens im Ostland hergestellte Produkte kaufen und Ostmenschen schicken lassen. Und die lassen wirklich Lebensmittel, Möbel und ganze Häuser schicken.

Liebes Tagebuch,

heute war ich ein weißes Waschmittel. Ich spiele die Hauptrolle im ersten Werbespot im Fernsehen. Und nun wollen mich alle haben, weil alle eine weiße Weste und eine weiße Wäsche haben wollen.

Liebes Tagebuch,

heute war ich an einem Sonntag die erste Zeitung mit Bildern für den Sonntag. Ich liege an der Tankstelle an der Ecke in der Ecke des Tresens und warte auf den ersten Mann, der mich für seine erste Frau mitnehmen will.

1956
MANN

Liebes Tagebuch,

heute war ich Martins Horn und wurde mit meiner Freundin Blau Licht auf einem roten Feuerwehrauto montiert. Ich muss immer tröten wie ein Elefant, weil mich die Feuerwehrleute immer ausprobieren.

Liebes Tagebuch,

heute war ich der Schneewittchensarg. In mir liegt aber kein Schneewittchen, in mir liegen ein Radio und ein Plattenspieler unter einer Kunststoffhaube. Die erst funktionieren, wenn das Apfelstück aus dem Radio fällt.

Liebes Tagebuch,

heute war ich zum letzten Mal das Notopfer Berlin. Ich bin eine Steuermarke im Wert von zwei Pfennig, die zusätzlich auf jede Postsendung geklebt werden muss. Also bin ich ein Solidaritätszuschlag zum Ablecken.

1957
FRAU

Liebes Tagebuch,

heute war ich eine portugiesische Badehose.
Ich bin nicht mehr verboten und ich darf nun
an Männerkörper. Aber ich will nicht an jeden, ich will an diesen herrlichen portugiesi-
schen Fußballspieler – Eusébio.

Liebes Tagebuch,

heute war ich die Rosalinde in der Holzkiste,
die Frau von Peiting aus dem vierzehnten
Jahrhundert. Meine Finder haben vielleicht
blöd geschaut, als sie mich und nicht den er-
warteten Schatz fanden. Da musste ich lachen.

Liebes Tagebuch,

heute war ich die erste elektrische Armbanduhr. Ich habe eine Unruh und ich habe auch
eine Unruhe in mir, weil mich alle anstarren
und mich alle an ihre Arme binden wollen.

1957
MANN

Liebes Tagebuch,

heute war ich die Hündin Laika, das erste Lebewesen auf einer Erdumlaufbahn. Schon komisch, wo man für die Menschen so überall ein Stöckchen holen muss.

Liebes Tagebuch,

heute war ich der Trabant in Zwickau, die Rennpappe, der Plastikbomber, die überdachte Zündkerze. Nun muss ich aber dreizehn Jahre warten, erst dann darf mich mein Käufer kaufen.

Liebes Tagebuch,

heute war ich ein Frisbee und fliege, fliege und fliege als Wurfscheibe immer noch. Wäre ich ein Bumerang oder ein Hund, wüsste ich wenigstens, wie ich zu meinem Herrchen zurückfinde.

1958
FRAU

Liebes Tagebuch,

heute war ich im Wirtshaus im Spessart. Ich wollte ein Schnitzel, ein Eis und ein Mineralwasser bestellen, aber die Räuber wollten mir nichts bringen. Da bin ich hungrig und durstig wieder gegangen.

Liebes Tagebuch,

heute war ich das erste schwedische Möbelhaus in Schweden. Meine ersten Kunden von heute werden mich wohl erst übermorgen verlassen. Weil sie morgen den Ausgang noch nicht gefunden haben werden.

Liebes Tagebuch,

heute war ich das erste Instant-Nudel-Gericht in Japan und ich habe mein Urteil gefällt: Ich schmecke mir und ich schmecke der Mami, die mich und sich nur kurz aufkochen muss, wenn der Papi nach Hause kommt.

1958
MANN

Liebes Tagebuch,

heute war ich das zentrale Verkehrsregister der zentralen Bundesbehörde, also die Verkehrssünderkartei. Ja, ich kann in mich hineinschauen, und nein, ich kann keine Punkte aus mir hinauswerfen.

Liebes Tagebuch,

heute war ich ein Autotelefon. Ich wiege eine Tonne, ich bin so groß wie eine Tonne und ich klinge wie aus einer Tonne. Aber ich kann mit mir wenigstens im Auto angeben.

Liebes Tagebuch,

heute war ich der „The König" in Deutschland. Leider kann ich in der nächsten Zeit nicht singen, leider muss ich in der nächsten Zeit erst einmal meinen Militärdienst ableisten und meine zukünftige Frau kennenlernen.

1959
FRAU

Liebes Tagebuch,

heute war ich die B-Puppe. Morgen bin ich mit der K-Puppe zusammen. Übermorgen trenne ich mich von der K-Puppe. Und nächste Woche kommt die K-Puppe zurück. Dann feiern wir mit allen Freunden in unseren Pink-Puppenkartons hier im Regal.

Liebes Tagebuch,

heute war ich die Trommel aus Blech. Damit ich Oskar irgendwann heiraten kann, habe auch ich heute beschlossen, nicht mehr zu wachsen. Ich allerdings will nicht nicht mehr in die Höhe wachsen, ich will nicht mehr in die Breite wachsen.

Liebes Tagebuch,

heute war ich ein Radargerät und nun kriege ich sie alle, die Raser. Ich lauere hinter Büschen und Bäumen und Hecken und in meinem Auge blitzt die Freude auf, wenn ich sie oder Sie blitze.

1959
MANN

Liebes Tagebuch,

heute war ich ein Korrekturblättchen, mit dem man Fehler beseitigen kann. Ein Mann hat mich sofort benutzt und seine Frau aus seiner Eheurkunde und aus seinem Hochzeitsfoto beseitigt.

Liebes Tagebuch,

heute war ich Alaska. Als 49. Bundesstaat der Staaten liege ich ziemlich weit entfernt von den anderen Staaten. Das ist besonders schlimm, wenn ich zum Essen gerufen werde und nach Hause schwimmen muss.

Liebes Tagebuch,

heute war ich der Mini. Nein, natürlich nicht der Mini-Rock, den habe ich schon ausprobiert, der ist mir auch in der größten Größe zu klein. Ich war der kleine Pkw. Aber ich bin zu groß für mich.

1960
FRAU

Liebes Tagebuch,

heute war ich die Pille in Amerika. Ich liege in einer dunklen Ecke in einer hellen Handtasche und warte auf meine Einnehmerin. Hoffentlich vergisst die mich nicht wieder. Wie gestern. Und vorgestern.

Liebes Tagebuch,

heute war ich die erste Haushaltsleiter aus Aluminium. Ich bin schön leicht und ich bin leicht glänzend. Und niemand kann mehr mit einer Säge an mir herumsägen.

Liebes Tagebuch,

heute war ich die Regierungschefin von Sri Lanka und damit die erste Regierungschefin, also der erste weibliche Regierungschef. Zu Hause bin ich das aber schon länger.

1960
MANN

Liebes Tagebuch,

heute war ich der neue Franc. Ich bin einhundert alte Franc wert. Also ist der neue Preis für alle Sachen jetzt nur noch ein Hundertstel vom alten Preis. Ein Auto kostet nun also fast nichts mehr.

Liebes Tagebuch,

heute war ich der Schuh von Nikita. Ich bekam ein furchtbares Aua, weil der mit mir auf den Tisch gehauen hat. Und seine Socke hat über mich gelacht.

Liebes Tagebuch,

heute war ich die Pilzköpfe mit dem ersten Konzert unter dem Namen „Die Pilzköpfe" in Hamburg. Ich trat in einem Rotlichtviertel auf, wahrscheinlich hatte ich deshalb so rote Köpfe.

1961
FRAU

Liebes Tagebuch,

heute war ich die Mauer in Berlin. Ich bin grau, ich bin hässlich und ich möchte nicht jahrelang hier herumstehen, bis jemand was von „unverzüglich" faselt. Ich will gleich weg, am besten gleich in den Westen.

Liebes Tagebuch,

heute war ich eine Parkscheibe in Kassel. Nun liege ich hier blöd hinter der Frontscheibe und alle glotzen mich an. Du da, geh weiter! Ja, du! Was? Du bist eine Politesse? Schöner Tag heute, oder?

Liebes Tagebuch,

heute war ich eine Teilnehmerin an dem Wettbewerb „Unser Dorf soll schöner werden". Ich habe meinen Zaun gestrichen, den Rasen gemäht und die Straße gefegt. Aber hier in München macht keiner sonst mit.

1961
MANN

Liebes Tagebuch,

heute war ich die erste Papierwindel und wackele nun an einem Windelkind durch die Wohnung. Ich kümmere mich um kleine und um große Sachen. Und ich frage mich, ob Babys noch andere Hobbys haben.

Liebes Tagebuch,

heute war ich der Juri und habe als erster Mensch die Erde verlassen. Ich habe die Erde ein Mal umrundet und bin dann pünktlich zur Erde zurückgekehrt. Wir baden nämlich heute noch.

Liebes Tagebuch,

heute war ich der J. Fitzgerald und habe meine neue Wohnung in Washington bezogen. Die liegt in der Pennsylvania-Straße in einem großen weißen Haus und ist sehr geräumig. Jetzt gehe ich Teppiche kaufen.

1962
FRAU

Liebes Tagebuch,

heute war ich eine Waschanlage. Irgendjemand hat mich in eine Halle neben einer Tankstelle geschoben, damit ich mich mit zwei Bürsten um die ständig ankommenden Autos drehe. Das ist ein Stress!

Liebes Tagebuch,

heute war ich die Lachepidemie in Tanganjika. Ich habe nacheinander eintausend Menschen angesteckt und zum Lachen gebracht. Was aber leider nicht zum Lachen ist, weil sogar Schulen geschlossen werden müssen.

Liebes Tagebuch,

heute war ich ein Nachrichtenmagazin. Alle sehen in mich Spiegel hinein, besonders der Franz Josef und die Polizei. Deshalb fühle ich mich irgendwie wie beim Frauenarzt.

1962
MANN

Liebes Tagebuch,

heute war ich der Schatz in diesem Silbersee. Ich wurde von Karl aus dem Film mit dem ersten Wilden Westen aus einem Kino geholt. Oder so ähnlich. Ich weiß das nicht so genau, ich Schatz war ja vergraben.

Liebes Tagebuch,

heute war ich Agent, James Agent. In meinem ersten Kinofilm habe ich einen Doktor Nein gejagt. Am Ende wurde der Doktor Nein dann von mir in seinem eigenen Reaktor gerührt und nicht geschüttelt. Yes!

Liebes Tagebuch,

heute war ich ein spanischer Prinz und heiratete eine griechische Prinzessin. Bald werden wir König und Königin sein und bald werden wir Kinder haben. Vielleicht auch die teuren königlich-realen Kinder von Madrid.

1963
FRAU

Liebes Tagebuch,

heute war ich die Fußball-Bundesliga. Ich bin nicht nur gut für die Männer, ich bin auch gut für die Frauen. Denn endlich haben die am Samstag fast zwei Stunden Ruhe vor ihren Radio-Hörer-Männern.

Liebes Tagebuch,

heute war ich die kompakte Kassette. In mir drehen sich zwei Spulen mit einem Band mit Musik. Und bald drehen alle jungen Männer durch, weil sie mich haben und mich allen zeigen wollen.

Liebes Tagebuch,

heute war ich die Frau Valentina. Als erste Frau im Weltraum habe ich eine hohe Verantwortung. Weil ich die Tapeten und die Gardinen und die Möbel für den Welt-Raum aussuchen muss.

1963
MANN

Liebes Tagebuch,

heute war ich der Butler, der eine Mister, der Sir, der andere Mister und der Admiral in dem Dinner für den 90. Geburtstag in Hamburg. Warum war ich eigentlich nicht auch gleich noch die Miss und das Tigerfell?

Liebes Tagebuch,

heute war ich der John und habe am Rathaus Schöneberg gesagt, dass ich ein Berliner bin. Und neben mir sagte eine Frau: „Aber ich will einen Hamburger, der ist nämlich noch leckerer!"

Liebes Tagebuch,

heute war ich ein Geldsack bei dem Postzugraub zwischen Glasgow und London. Ich hatte mich auf eine entspannte Zugfahrt gefreut und nun liege ich auf einem alten Bauernhof herum. Hätte ich doch nur den Bus genommen.

1964
FRAU

Liebes Tagebuch,

heute war ich die Stiftung für den Test von Waren. Als erstes Produkt werde ich erst einmal meine Waage im Bad testen. Was diese Waage anzeigt, das kann ja wohl nur mangelhaft sein.

Liebes Tagebuch,

heute war ich die kleine Meerjungfrau in Kopenhagen. Leider habe ich nach einem Besuch von dunklen Gestalten keinen Kopf mehr. Wenn also jemand irgendwo einen Bronzekopf herumliegen sieht, soll er ihn bitte zu mir bringen. Ich brauche ihn.

Liebes Tagebuch,

heute war ich der japanische Hochgeschwindigkeitszug zwischen Tokio und Osaka. Wenn ich noch schneller als zweihundert Kilometer pro Stunde fahre, dann fliege ich. Wie der Elefant in diesem Zeichentrickfilm.

1964
MANN

Liebes Tagebuch,

heute war ich der Zebrastreifen. Ich liege auf den Straßen herum, schwitze im Sommer und friere im Winter. Deshalb wäre ich viel lieber ein Zebrafell vor einem Kamin.

Liebes Tagebuch,

heute war ich der Phantom-Thomas oder so und nun bin ich sehr traurig. Meine Freunde haben nämlich gesagt, ich könne die Maske jetzt abnehmen. Aber da hatte ich schon gar keine Maske mehr auf.

Liebes Tagebuch,

heute war ich der Mindestumtausch. Ich kann Westmark ganz einfach in Ostmark verzaubern. Nun möchte ich aber auch noch lernen, wie ich aus Ostmark ganz einfach Westmark machen kann.

1965
FRAU

Liebes Tagebuch,

heute war ich die Schildkröte Tu'i Malila. Ich bin einhundertachtundachtzig Jahre alt und habe noch immer einen festen und flachen Bauch. Welche Zwanzigjährige kann da schon mithalten?

Liebes Tagebuch,

heute war ich das aromatische oder langkettige synthetische Polyamid. Wenn Ritter mich schon gekannt hätten, hätten die nicht ihre komischen Kettenhemden, sondern schicke Schutzwesten aus mir getragen. Als das Fräulein Ritter mit ihrem Tafelsilber warf.

Liebes Tagebuch,

heute war ich die erste elektronische Briefsortieranlage der Bundespost. Ich wollte gern lesen, was die Nachbarn so ihren Verwandten schreiben, aber zum Lesen bin ich einfach zu schnell.

1965
MANN

Liebes Tagebuch,

heute war ich der Doktor mit dem Namen Schiwago. Ich habe mich in einem Film niedergelassen und behandele als niedergelassener Arzt alle Kassen und privat. Auf Wunsch führe ich bei Frauen auch Hausbesuche durch.

Liebes Tagebuch,

heute war ich das Wrack des Schiffes von Kyrenia. Ich werde mal aufs Meer hinausfahren und mir irgendeine alte Fregatte zum Quatschen oder zum Heiraten suchen.

Liebes Tagebuch,

heute war ich der Krawattenmann des Jahres. Wenn ich mir nun eine Krawatte kaufe, kann ich auch zur Feier gehen und meinen Preis abholen. Wahrscheinlich wird es eine Krawatte sein.

1966
FRAU

Liebes Tagebuch,

heute war ich die Sternenreise und ich war zum ersten Mal im Fernsehen zu sehen. Erst war ich vor Freude betrunken und dann war ich am Boden. Und jemand sagte: „Ich krieg die Biene nicht hoch, Lotti!"

Liebes Tagebuch,

heute war ich die Warnung von Miranda. Männer haben aber ab jetzt nicht nur das Recht zu schweigen, sondern sogar die Pflicht. Weil alles, was sie irgendwo und irgendwann sagen, gegen sie verwendet wird.

Liebes Tagebuch,

heute war ich die erste Große Koalition in Deutschland. Und jetzt habe ich Angst, dass ich immer und immer wieder kopiert werde und immer und immer wieder als Große Koalition arbeiten muss.

1966
MANN

Liebes Tagebuch,

heute war ich der weiße Wal, der dicke Moby vom Rhein. Ich bin im Rhein von Rotterdam bis Bonn geschwommen, weil ich mein Navi vergessen hatte und deshalb England nicht gefunden habe. Schön war es trotzdem.

Liebes Tagebuch,

heute war ich der Fußball beim Wembley-Tor im Endspiel der Fußball-Weltmeisterschaft in dem berühmten Fußballstadion in London. Und nein, ich war nicht im Tor!

Liebes Tagebuch,

heute war ich die neue Torwand im Sportstudio. Nun habe ich meine Löcher nicht mehr links unten und rechts oben, sondern links oben und rechts unten. Bin ich jetzt löchrig oder löcherlich?

1967
FRAU

Liebes Tagebuch,

heute war ich das Farbfernsehen in Deutschland. Endlich kann man mich so sehen, wie ich wirklich bin, endlich stehe ich nicht mehr jeden Morgen vor dem Spiegel und schminke mich umsonst.

Liebes Tagebuch,

heute war ich die Schauspielerin und habe den „The König" geheiratet. Hoffentlich lässt der sich nie von mir scheiden, sonst muss ich so einen Dallas-Burschen heiraten und eine nackte Kanone sein.

Liebes Tagebuch,

heute war ich die Funkuhr. Vielleicht könnte mal jemand gleich noch das Funkloch mit erfinden, damit ich beim Verspäten immer eine gute Ausrede habe.

1967
MANN

Liebes Tagebuch,

heute war ich der erste Geldautomat. Der erste Kunde musste einen ersten Scheck in mich hineinstecken, ich gab ihm dafür das erste Bargeld. Niemand ahnt, dass in Wahrheit ein Bankangestellter in mir sitzt.

Liebes Tagebuch,

heute war ich der „Tag H", der Tag, an dem in Schweden der Rechtsverkehr den Linksverkehr ersetzte. Am liebsten hätte ich aber gar keinen Verkehr, deshalb bleibe ich verkehrsberuhigt zu Hause.

Liebes Tagebuch,

heute war ich das lustige Buch im Taschenbuchformat. Ich muss nun mit in den Bus, mit in die Bahn und mit in die Schule. Ich darf auch mit an den Strand, aber ich darf nicht mit ins Wasser, ich bin nämlich wasserlöslich.

1968
FRAU

Liebes Tagebuch,

heute war ich das Musical mit den Haaren. Leider habe ich da etwas falsch verstanden, denn meine langen Haare werden nicht kostenlos gewaschen, geschnitten und geföhnt, die bleiben nur lang.

Liebes Tagebuch,

heute war ich die Computermaus. Und nun kommt diese gestiefelte Katze an ihren Schreibtisch und kratzt mit ihren rot und grün lackierten Krallen an mir herum.

Liebes Tagebuch,

heute war ich die Mehrwertsteuer. Ich wurde geboren und ich werde wachsen und gedeihen und es wird wie im Märchen sein. Deshalb nennen mich einige schon Märchensteuer.

1968

MANN

Liebes Tagebuch,

heute war ich ein Plastikbaustein im Plastik-
bausteinland in Dänemark. Der Job jetzt ist
viel schöner als der Job früher, als ich in
einem Kinderzimmer von einem artigen Kind
einer unartigen Mutter an den Kopf geworfen
wurde.

Liebes Tagebuch,

heute war ich der Bob mit dem Weitsprung-
Weltrekord-Sprung auf acht Meter neunzig.
Eigentlich wollte ich erst hinter der Sprung-
grube landen, weil ich mit meiner neuen
Turnhose nicht im Sand landen wollte.

Liebes Tagebuch,

heute war ich der Lachsack. Und jetzt lachen
alle Menschen, wenn ich lache. Seltsam.
Können die Menschen denn nicht ohne mich
und ohne Alkohol lachen? Vielleicht über
sich selbst?

1969
FRAU

Liebes Tagebuch,

heute war ich die erste Diskette. Ich bin so groß wie ein Teller und kann auch als Teller für Schnittchen verwendet werden. Und danach arbeite ich wie geschmiert im Laufwerk weiter.

Liebes Tagebuch,

heute war ich die Hitparade im Fernsehen. Und nun teilen alle Teilnehmer die Angst aller Politiker: Wer drei Mal dabei war, darf nämlich nicht wiedergewählt werden.

Liebes Tagebuch,

heute war ich das Festival von Woodstock. Ich werde drei Tage dauern, aber ich werde wohl drei Jahre brauchen, bis ich mich wieder einigermaßen aufgeräumt und die noch Schlafenden weggeräumt habe.

1969
MANN

Liebes Tagebuch,

heute war ich der Euroscheck mit meiner Freundin, der Euroscheck-Karte. Jetzt muss niemand mehr an der Kasse traurig Bargeld abzählen, jetzt kann jeder an der Kasse fröhlich mich überreichen. Und das Bargeld behalten.

Liebes Tagebuch,

heute war ich der Neil und ich war der erste Mensch auf dem Mond. Leider kann man hier abends nichts machen, deshalb will ich wieder nach Hause. Denn nichts machen, das kann ich abends besser zu Hause.

Liebes Tagebuch,

heute war ich der Fernsehturm in Berlin. Wenn ich für jeden Film, in dem ich mitspiele, eine Mark bekommen würde, würde ich wie andere Schauspieler auch morgen schon in Hollywald am Pool liegen.

1970
FRAU

Liebes Tagebuch,

heute war ich das Apollo mit der Nummer dreizehn. Weil ich mit dem Husten oder so ein Problem habe, muss ich wieder zurück nach Hause. Und ich wollte doch auch so gern auf den Mond.

Liebes Tagebuch,

heute war ich das Taxi nach Leipzig im Tatort. Ich dachte eigentlich, dass mein Fahrgast aus Hamburg mit mir nach Hamburg fahren will. Aber der wollte leider nur lieber nach Leipzig.

Liebes Tagebuch,

heute war ich die erste digitale Armbanduhr mit Leuchtdioden-Anzeige. Die Männer müssen mich drücken, damit sie kurz etwas sehen, und die Männer müssen verstehen, was sie kurz sehen. Und das überfordert sie.

1970
MANN

Liebes Tagebuch,

heute war ich der erste Baumarkt für Heim-
werker. Viele Männer verbringen nun ganze
Vormittage oder ganze Nachmittage oder
ganze Tage in mir. Wenn sie auf der Flucht
vor Ehefrau und Schwiegermutter sind.

Liebes Tagebuch,

heute war ich Willy und Willi in Erfurt. Und
nun sitzen ich und ich in unserem Hotelzim-
mer und haben keine Ahnung, welchen Willy
die schreienden Leute da draußen sehen wollen.

Liebes Tagebuch,

heute war ich der erste Christoph, der erste
gelbe Rettungshubschrauber. Die meisten
Menschen finden mich gut, wollen mich aber
nicht zu Hause haben. Höchstens als Puzzle
oder als Bastelmodell.

1971
FRAU

Liebes Tagebuch,

heute war ich das Haarnetz im Haarnetz-Erlass der Bundeswehr. Endlich dürfen schicke junge Soldaten schicke junge Langhaar-Frisuren tragen. Und ich Haarnetz darf diese herrlichen Haare halten.

Liebes Tagebuch,

heute war ich die deutsche Magnetschwebebahn im Test. Wenn ich später in den Hauptbahnhof München einsteige, bin ich mit dem Flughafen in zehn Minuten ganz rapid in Paris. Oder so ähnlich.

Liebes Tagebuch,

heute war ich eine Karaoke-Maschine in Japan. Und schon kann ich dieses falsche Singen dieser falschen Sänger nicht mehr hören. Ich werde mir Socken in die Ohren stopfen oder mir gleich die Ohren abschneiden.

1971
MANN

Liebes Tagebuch,

heute war ich das Ausbildungsförderungsgesetz des Bundes. Ich AföG des B möchte mich den Studenten geben, aber ich möchte mich den Studenten auch nicht zu sehr geben. Sonst fehlen uns Taxifahrer und Kellnerinnen.

Liebes Tagebuch,

heute war ich der aus dem Saarland stammende Dachdecker Erich in Ost-Berlin. Als letzter Dachdecker habe ich keinen Job gefunden, also arbeite ich erst einmal als Erster Sekretär in einer Partei. Bis zum Ende dieser Partei.

Liebes Tagebuch,

heute war ich die Maus in der Sendung für Kinder im ersten Programm. Ich bin sehr froh, dass ich nicht der Kater in der Sendung mit der Katze im zweiten Programm bin. Gibt es die überhaupt?

1972
FRAU

Liebes Tagebuch,

heute war ich eine kleine Salami in einer Folie. Ich liege nun ganz unten in einer Schultasche und hoffe, dass mich das Schulkind nach den Sommerferien in der Schultasche findet. Oder wenigstens nach den Winterferien.

Liebes Tagebuch,

heute war ich die Wassertor-Affäre. Aber als ich erfahren habe, dass ich gar keine Affäre mit einem jungen Mann namens Wassertor, sondern mit einem alten Herrn namens Richard bin, bin ich sofort zurückgetreten.

Liebes Tagebuch,

heute war ich das Wahlalter und wurde in Deutschland auf achtzehn Jahre gesenkt. Darauf war ich nicht vorbereitet, ich muss deshalb noch schnell zum Friseur, zur Maniküre und zum Zahnarzt.

1972
MANN

Liebes Tagebuch,

heute war ich der Uni-Riese in Leipzig und das höchste Hochhaus in Deutschland. Und von hier oben sehe ich Weisheitszahn mit meiner Weisheit schon die Menschen, die in ein paar Jahren hier „Wir sind das Volk!" sind.

Liebes Tagebuch,

heute war ich die erste Videospielkonsole. Nun kann ich Tennis spielen, ohne mir weiße Tennissocken oder eine weiße Tennishose kaufen zu müssen und rote Füße zu bekommen.

Liebes Tagebuch,

heute war ich das Rutschauto. Zuerst bin ich klein und kleine Kinder rutschen auf mir. Und zuletzt bin ich groß und ein großer Präsident rutscht auf mir aus. Aber ich bin umweltfreundlich.

1973
FRAU

Liebes Tagebuch,

heute war ich die Notrufnummern 110 und 112. Ab sofort kann jeder mich rufen, ab sofort muss niemand mehr „Hilfe!", „Haltet den Dieb!" oder „Du kannst mich mal!" rufen. Wenn die Schwiegermutter zu Besuch kommt.

Liebes Tagebuch,

heute war ich die Brücke über den Bosporus und hänge so über dem Bosporus herum. Drehe ich mich nachts auf die eine Seite, schlafe ich in Asien, drehe ich mich nachts auf die andere Seite, schlafe ich in Europa.

Liebes Tagebuch,

heute war ich die erste große Ölkrise. Ich bin schuld, dass sonntags keine Autos fahren, aber ich bin nicht schuld, dass Türen quietschen und Salate trocken sind.

1973
MANN

Liebes Tagebuch,

heute war ich der Hirsch von einem Kräuterlikör auf den Trikots eines Fußballvereins. Diese erste Trikotwerbung haben wir ein wenig zu sehr mit Kräuterlikör gefeiert, deshalb bin ich jetzt ein Hirsch, dem ziemlich übel ist.

Liebes Tagebuch,

heute war ich der George und wurde Weltmeister im Boxen. Wenn ich einmal nicht mehr Weltmeister im Boxen bin, verkaufe ich eben elektrische Grills und werde Weltmeister im Verkauf.

Liebes Tagebuch,

heute war ich die Liebesgrüße und ich kam aus der Lederhose. Ich kann nur hoffen, dass das später nie jemand herausfindet. Sonst muss ich meine Lederhose nachträglich noch ausziehen und mich schämen.

1974
FRAU

Liebes Tagebuch,

heute war ich eine schwedische Band und gewann mit „Wasserfloh" den europäischen Songwettbewerb. Eigentlich will ich aber nicht die ganze schwedische Band sein, eigentlich will ich nur diese Blondine sein, denn die wollen alle Männer.

Liebes Tagebuch,

heute war ich das Plastikmenschlein zum mobilen Spielen. Die haben mir die Klamotten gleich auf den Körper gedruckt. Das ist praktisch, könnte aber später beim Stillen und beim Frauenarzt zum Problem werden.

Liebes Tagebuch,

heute war ich der Pkw mit den vier Buchstaben, der wie eine Meeresbucht oder eine Ballsportart heißt. Ich hoffe, dass ich mein gutes Aussehen an weitere Generationen vererben kann, ohne einen Trabant heiraten zu müssen.

1974
MANN

Liebes Tagebuch,

heute war ich die deutsche Fußball-National-mannschaft und wurde in München Welt-meister. In Hamburg haben wir der anderen deutschen Mannschaft vorher einen Sieg ge-schenkt. Die haben doch sonst nichts.

Liebes Tagebuch,

heute war ich der Spion Günter im Amt des Kanzlers. Schlimm ist nicht, dass ich ent-tarnt und verurteilt werde, schlimm ist nur, dass ich wieder zurück in den Osten muss.

Liebes Tagebuch,

heute war ich ein japanischer Leutnant. Ich glaube nicht, dass die japanischen Truppen schon 1945 kapituliert haben. Ich glaube es erst, wenn es mir mein Vorgesetzter von da-mals hier und heute in meinem Versteck er-zählt.

1975
FRAU

Liebes Tagebuch,

heute war ich eine Software und habe ein Fenster geöffnet. Als ich das Fenster wieder schließen wollte, bin ich abgestürzt, deshalb warte ich nun auf mein Update, damit ich mich wieder neu starten kann.

Liebes Tagebuch,

heute war ich das Gemälde mit der Nachtwache von dem Rembrandt. Ein arbeitsloser Lehrer wollte mich mit seinem Küchenmesser zerschneiden. Darf ich davon ausgehen, dass der kein Kunstlehrer war?

Liebes Tagebuch,

heute war ich das Fünf-DM-Stück. Mein Körper besteht nun nicht mehr aus Silber, sondern aus Stahl, weil ich zu teuer war. Vielleicht kann ich noch billiger werden und gleich aus Schokolade bestehen?

1975
MANN

Liebes Tagebuch,

heute war ich der weiße Hai. Das fand ich passend, weil mich so auch meine Freunde nennen, wenn ich am ersten Urlaubstag hungrig und ungebräunt im Meer herumschwimme.

Liebes Tagebuch,

heute war ich eine richtige Digitalkamera. Ich wiege vier Kilogramm und brauche über zwanzig Sekunden zum Speichern eines Bildes. Da brauche ich auch viel Kraft und Zeit, um meine Nachbarin nackt zu fotografieren.

Liebes Tagebuch,

heute war ich das Volljährigkeitsalter in der Bundesrepublik und wurde von einundzwanzig auf achtzehn Jahre gesenkt. Müssen nun die neuen Volljährigen bei Mutti Miete zahlen oder sogar ausziehen?

1976
FRAU

Liebes Tagebuch,

heute war ich das Flugzeug mit der geknickten Nase. Täglich muss ich nun zwei Mal von London und zwei Mal von Paris nach New York fliegen. Ich bin gespannt, ob ich bei dem Stress wenigstens selbst ein Getränk und einen Snack bekomme.

Liebes Tagebuch,

heute war ich ein angebissener Apfel in einer Garage. Ich werde für immer und ewig angebissen sein, aber trotzdem werden alle nächtelang vor allen Apfelläden stehen und alle Sachen von mir haben wollen.

Liebes Tagebuch,

heute war ich die Biene Maier und durfte zum ersten Mal durch das Fernsehen fliegen. Den Gott habe ich aber schon vorher getroffen und der hat vorher extra für mich ein Lied gesungen.

1976
MANN

Liebes Tagebuch,

heute war ich der Sicherheitsgurt. Ich darf mich ab sofort pflichtgemäß um wunderschöne Frauen legen und diese wunderschönen Frauen in ihren Sitzen halten. Aber ich halte natürlich auch nicht so schöne Männer.

Liebes Tagebuch,

heute war ich der Palast der Republik in Ost-Berlin. Weil der elektrische Widerstand in den unzähligen Lampen in mir Lampenladen bei steigender Temperatur unzählig zunimmt, bin wohl ich der größte Widerstandskämpfer im Land.

Liebes Tagebuch,

heute war ich der Fußabdruck des dicken Dinosauriers am Stausee von Lac du Vieux Émosson in der Schweiz. Vor zweihundertfünfzig Millionen Jahren wurde ich hinterlassen und jetzt zeitnah gefunden.

1977
FRAU

Liebes Tagebuch,

heute war ich die Guillotine. Ich wurde in Pension geschickt, werde aber trotzdem nebenbei noch ein bisschen arbeiten. Als Zwiebelschneiderin in einem Imbiss oder als Spaghettischneiderin in Italien, mal sehen.

Liebes Tagebuch,

heute war ich der Seeadler-Raumanzug. Die Kosmonauten und später die Astronauten tragen nun bei Außeneinsätzen nur noch mich. Und nicht mehr Jogginghose, T-Shirt und Badeschlappen.

Liebes Tagebuch,

heute war ich eine Dampflok nach dem Dampflokverbot der Bundesbahn. Auf Schienen darf ich nicht mehr fahren, dann fahre ich eben auf Straßen oder auf Flüssen.

1977
MANN

Liebes Tagebuch,

heute war ich das Radioteleskop „Das große Ohr". Ich habe das Wow-Signal aus dem Weltraum gehört. Und ich würde mich nicht wundern, wenn ich auch noch das Aua-Signal und das Uuups-Signal hören würde.

Liebes Tagebuch,

heute war ich der Film „Samstag Nacht Fieber". Ich wollte, dass samstags alle ins Kino gehen, aber jetzt gehen samstags alle in die Disco. Das wollte ich doch nicht.

Liebes Tagebuch,

heute war ich der Vater mit dem Helm in den Kriegen mit den Sternen. Sollte ich mal mit meinen Kindern reden, damit die erst eine anständige Ausbildung machen, bevor die auch in den Kriegen mit den Sternen als Schauspieler mitspielen?

1978
FRAU

Liebes Tagebuch,

heute war ich die Sue in dieser öligen Serie aus Texas. Morgen möchte ich meine Schwägerin sein, übermorgen meine Schwiegermutter und überübermorgen vielleicht meine Nichte. Aber mein Mann Jo. Ro. möchte ich nicht sein, denn der lacht immer so dämlich.

Liebes Tagebuch,

heute war ich das erste durch künstliche Befruchtung entstandene Baby der Welt. Ich will von meinen Eltern nicht genau wissen, wie ich entstanden bin, das will wohl kein Kind von seinen Eltern genau wissen.

Liebes Tagebuch,

heute war ich der Tischtennisball im längsten Tischtennisspiel der Geschichte. Mehr als einhundertzweiunddreißig Stunden haben die Typen mich geschlagen, nur gut, dass die zwischendurch geschlafen haben.

1978
MANN

Liebes Tagebuch,

heute war ich der Sigmund und der erste Deutsche im Weltraum. Hier oben ist es nicht anstrengend, anstrengend wird es erst unten. Wenn ich durch die DDR fahren und vierunddreißig Millionen Hände schütteln muss.

Liebes Tagebuch,

heute war ich der Karol. Als Papst werde ich kaum zu Hause sein, deshalb schaue ich mir zuerst mein Flugzeug und zuletzt meine Wohnung an. Bevor mich die vielen Menschen anschauen.

Liebes Tagebuch,

heute war ich der kleine Emilio und wurde als erster Mensch in der Antarktis geboren. Muss ich jetzt jeden Tag im Eis spielen? Und muss ich später jeden Tag mit dem Paddelboot nach Argentinien in die Schule fahren?

1979
FRAU

Liebes Tagebuch,

heute war ich die Vogelschutzrichtlinie, nach der seltene Vögel nicht mehr gejagt werden dürfen. Ich kann aber nichts für meine Kollegin tun, die ist nämlich kein seltener Vogel, sondern nur ein seltsamer.

Liebes Tagebuch,

heute war ich das triviale Spiel mit den sechs Tortenstücken. Endlich müssen alle Männer, die mit mir spielen wollen, alle meine Fragen beantworten. Davon habe ich schon immer geträumt.

Liebes Tagebuch,

heute war ich die Aluminium-Stab-Taschenlampe. Und nun liege ich mit meinem Hinterteil auf der Schulter eines Polizisten und leuchte. Das ist sehr bequem.

1979
MANN

Liebes Tagebuch,

heute war ich das quadratische Rätsel mit den Ziffern 1 bis 9. Und jetzt sitze ich hier und habe keine Ahnung, wie ich mich mit den Ziffern in den Zeilen und Spalten und Blöcken ausfüllen soll. Warum muss ich immer so kompliziert sein?

Liebes Tagebuch,

heute war ich ein Heißluftballon und habe zwei Familien vom Osten in den Westen Deutschlands geflogen. Oder gefahren. Mal sehen, ob es Interessenten für die Rückfahrt vom Westen in den Osten gibt.

Liebes Tagebuch,

heute war ich der walkende Mann. Ich stecke in einer Mädchentasche oder in einer Jungentasche und muss den ganzen Tag Musik von diesen Musikkassetten abspielen. Mir ist schon ganz schwindlig.

1980
FRAU

Liebes Tagebuch,

heute war ich die Grünen, weil ich die Roten, die Schwarzen und die Gelben nicht sein wollte. Nun muss ich mir noch ein paar schicke Turnschuhe besorgen, damit ich auch einmal einen Minister stellen kann.

Liebes Tagebuch,

heute war ich der zauberhafte Würfel und alle drehen zauberhaft an mir herum. Dabei drehen manche so schnell, dass ich selbst am liebsten durchdrehen würde. Aber einige haben den richtigen Dreh schon raus.

Liebes Tagebuch,

heute war ich schon wieder die Sommerzeit in Deutschland. In der Bundesrepublik und in der DDR wurde gemeinsam an der Uhr gedreht und ich eingestellt. Ich bin also fast gesamtdeutsch.

1980
MANN

Liebes Tagebuch,

heute war ich der polnische Elektriker Lech in der „Solidarität" und morgen bin ich Präsident. Was doch so alles möglich ist, wenn man Energie hat, immer unter Spannung steht und nicht mit dem Strom schwimmt.

Liebes Tagebuch,

heute war ich die sommerlichen Olympiaspiele in Moskau und viele wollen nicht mit mir spielen. Die sind böse. Dann gebe ich den nächsten sommerlichen Olympiaspielen eben die Fackel nicht. So!

Liebes Tagebuch,

heute war ich der Silber-Donnerstag mit den abstürzenden Silber-Preisen an der Börse. Schade, das Silber-Besteck von Oma kann ich nun nicht mehr verkaufen. Dann eben ihren goldenen Ring.

1981
FRAU

Liebes Tagebuch,

heute war ich eine Erzieherin in einem Kindergarten in London und habe einen Prinzen geheiratet. Der trägt gern Polo-Shirts, spielt gern Polo und steht auf Pferde. Leider auch auf ältere.

Liebes Tagebuch,

heute war ich die kompakte Scheibe, die CD. Ich warte nun darauf, dass mich der erste Kunde in den Laden zurückbringt, weil ich auf seinem Schallplattenspieler keinen Ton von mir gebe.

Liebes Tagebuch,

heute war ich eine Butterfahrt, bei der ich auf einem Schiff aus der Zwölf-Meilen-Zone fahre und die Leute zollfrei Butter, Schnaps und Parfüm kaufen können. Nun hat mich Europa nicht mehr lieb und nun werde ich wohl bald eine Kaffeefahrt sein.

1981
MANN

Liebes Tagebuch,

heute war ich der Weihnachtsmarkt in Güstrow. Gestern jubelten auf mir Kinder dem Weihnachtsmann und seinem Engel zu. Heute waren der Weihnachtsmann Erich, sein Engel Helmut und die Kinder Stasi-Leute.

Liebes Tagebuch,

heute war ich der erste Personal Computer „PC" mit ohne Festplatte. Ich zittere schon vor dem schlauen Typen, der bald Fenster 3.0 auf vielen Disketten erfinden wird.

Liebes Tagebuch,

heute war ich der Hochgeschwindigkeitszug in Frankreich. Und wenn ich nicht rechtzeitig bremse, bin ich die Magnetschwebebahn und lande auf dem Flughafen in München.

1982
FRAU

Liebes Tagebuch,

heute war ich ein lachendes Emoticon mit einem Doppelpunkt, einem Bindestrich und einer Klammer. Ich werde dafür sorgen, dass Leute, die kein gelachtes Lachen erkennen, nun ein geschriebenes Lachen erkennen.

Liebes Tagebuch,

heute war ich die Nicole mit dem bisschen Frieden. Als berühmte Sängerin kann ich mir nun aussuchen, ob ich bei den gerade gegründeten Leblosen Männlichen Beinkleidern oder den Medizinern mitsingen möchte. Wenn die das möchten.

Liebes Tagebuch,

heute war ich die unromantische Nacht von Sevilla, in der sich zwei Fußballspieler - Harald aus Deutschland und Patrick aus Frankreich - bei der Fußball-WM kennenlernten. Heiraten wollen die aber wohl nicht.

1982
MANN

Liebes Tagebuch,

heute war ich der Außerirdische mit dem langen Hals und will nach Hause telefonieren. Aber niemand hat Kleingeld, eine Telefonkarte oder ein Mobiltelefon. Also bleibe ich erst einmal auf der Erde.

Liebes Tagebuch,

heute war ich der doppelte Helmut. Am Morgen war ich noch der Kanzler Helmut und am Abend war ich schon der Kanzler Helmut. Wie das passiert ist, werde ich wohl nie erfahren.

Liebes Tagebuch,

heute war ich der erste Computervirus der Welt. Ich will jetzt mal in der Apotheke fragen, ob es schon ein Mittelchen gegen mich gibt. Tabletten oder Tropfen oder Zäpfchen oder eine Salbe.

1983

FRAU

Liebes Tagebuch,

heute war ich eines dieser zweiundsechzig falschen Tagebücher, die von diesem echten Nachrichtenmagazin gekauft wurden. Wenn dieses Nachrichtenmagazin wüsste, dass ich noch nicht einmal ganz trocken hinter meinen Ohren und auf meinen Seiten bin …

Liebes Tagebuch,

heute war ich das erste Mobiltelefon. Ich bin gefühlte achtzig Kilogramm schwer, einen Meter achtzig hoch und nur eine Stunde lang zu benutzen. Das klingt eher, als ob ich ein Mann bin.

Liebes Tagebuch,

heute war ich die Tempo-30-Zone in Buxtehude. Mein Nachbar kauft immer viele Sachen. Wird der jetzt eigentlich bestraft, wenn der mit mehr als dreißig Sachen unterwegs ist?

1983
MANN

Liebes Tagebuch,

heute war ich ein wissenschaftlich beschriebenes Korsetttierchen. Leider ein Missverständnis, denn so ein Korsetttierchen kauft gar kein Korsett und gar keine Strümpfe für seine Frau.

Liebes Tagebuch,

heute war ich der Meter. Nachdem ich bisher ein Teil der Entfernung vom Nordpol zum Äquator war, bin ich nun eine Strecke von Licht im Vakuum. Was das heißt? Keine Ahnung!

Liebes Tagebuch,

heute war ich das Zündwarenmonopol und laufe in Deutschland aus. Leider weiß ich nicht genau, ob ich jetzt Zündhölzer anzünden oder nur Zündhölzer herstellen darf.

1984
FRAU

Liebes Tagebuch,

heute war ich der private Fernsehsender mit dem Bällchen. Ich muss jetzt dringend noch ein paar private Fernsehsender gründen, damit ich auf denen dann alle Sendungen wiederholen, noch einmal zeigen und als Klassiker feiern kann.

Liebes Tagebuch,

heute war ich das Weihnachtslied „Letzte Weihnachten". Ich werde wohl für immer und ewig und noch ein Jahr länger in jeder Weihnachtszeit arbeiten müssen. Aber ich werde meinen Schöpfer auch richtig reich machen.

Liebes Tagebuch,

heute war ich die erste E-Mail über das Internet in Deutschland. Warum sagt mir denn niemand, dass man hier jetzt auch ins Internet gehen kann, wenn man den Eingang findet?

1984
MANN

Liebes Tagebuch,

heute war ich der Joseph. Ich hatte Kopf-, Hals- und Gliederschmerzen und ich hatte mich nicht im Griff. Deshalb habe ich zum Präsidenten des Bundestages gesagt: „Mit Verlaub, Herr Präsident, Sie sind ein A...!"

Liebes Tagebuch,

heute war ich der Sicherheitsgurt. Ich muss jetzt vierzig Mark bezahlen, wenn ich mich nicht um den dicken Fahrer lege. Der riecht so, deshalb habe ich mir gleich eine Zehnerkarte für vierhundert Mark gekauft.

Liebes Tagebuch,

heute war ich der erste Personal Computer mit grafischer Benutzeroberfläche. Warum das eine so tolle Neuigkeit ist, weiß ich nicht, haben doch Frauen schon immer eine schöne grafische Benutzeroberfläche.

1985
FRAU

Liebes Tagebuch,

heute war ich das Computerspiel mit den Steinen und lasse Steine von oben nach unten fallen. Vielleicht sollte ich mich auch mal auf der Baustelle nebenan spielen, damit mir die Bauarbeiter dort nicht immer nachpfeifen.

Liebes Tagebuch,

heute war ich der Glykolwein-Skandal mit dem Wein mit dem Diethylenglykol aus Österreich. Durch das Zeug werde ich süßer und geschmackvoller. Was ist so schlimm daran, wenn sich das eine Frau wünscht?

Liebes Tagebuch,

heute war ich ein Buch ganz unten und mit meinem Autor ganz oben. Vielleicht schauen jetzt mal ein paar Leute von ganz oben nach, wie es ganz unten wirklich aussieht.

1985
MANN

Liebes Tagebuch,

heute war ich der Michail. Als ich Chef einer großen Partei am Morgen die Metro verpasst habe, ist mir etwas aufgefallen: „Wer zu spät kommt, den bestraft das Leben!" Nicht nur an der Metro-Station.

Liebes Tagebuch,

heute war ich der Joseph und ich bin nun hessischer Umweltminister. Manche sagen, ich sei auch ein hässlicher Umweltminister, weil denen meine weißen Turnschuhe bei meiner Vereidigung nicht gefallen haben.

Liebes Tagebuch,

heute war ich der Bumm mit dem Bumm und mit dem Hecht in Wimpelton. Ich bin ein Tennisspieler und ich sollte besser mein ganzes Leben lang einer bleiben. Auf dem Tennisplatz gibt es nämlich keine Besenkammern.

1986
FRAU

Liebes Tagebuch,

heute war ich die Endung „de" für Internet-adressen in Deutschland. Ich habe hinten etwas Schönes und die anderen Leute wollen vorn etwas Schönes haben. Also wird jetzt eine Jagd wie im Schlussverkauf auf mich beginnen.

Liebes Tagebuch,

heute war ich nicht der schmutzige Harry, sondern der saubere Bürgermeister Clint in einer Kleinstadt. Ich muss da aber etwas verwechselt haben, hier wird nämlich gar kein Western gedreht.

Liebes Tagebuch,

heute war ich der elfte und letzte Parteitag der sozialistischen Einheitspartei. Hätte ich heute schon gewusst, dass ich der letzte Parteitag bin, hätte ich mich gestern schon betrunken und wäre morgen nach Hause gegangen.

1986
MANN

Liebes Tagebuch,

heute war ich der Bundestag mit meiner ersten Sitzung im alten Wasserwerk in Bonn. Ich kann nur hoffen, dass zu den feuchten Aussprachen nun nicht auch noch feuchte Füße kommen.

Liebes Tagebuch,

heute war ich ein italienischer Mann und habe mir einen italienischen Fußballklub in Mailand gekauft. Aber keiner hat mir gesagt, dass da keine jungen Frauen, sondern nur alte Männer mit ihren Bällen spielen. Also nichts mit Bunga-Bunga.

Liebes Tagebuch,

heute war ich der Reinhold. Nun habe ich alle vierzehn Achttausender bestiegen. Oder alle acht Vierzehntausender. Unwichtig, ich bin ein Bergsteiger und kein Mathematiklehrer.

1987
FRAU

Liebes Tagebuch,

heute war ich ein Kleinflugzeug. Ich landete in Moskau auf einer Brücke, weil ich nicht auf dem rötlichen Platz landen konnte, auf dem mein Pilot landen wollte. Trotzdem wollte niemand zusteigen, mein Pilot musste sogar aussteigen.

Liebes Tagebuch,

heute war ich der blonde Thomas. Wetten, dass ich die Fernsehsendung mit den Wetten vierundzwanzig Jahre moderieren werde? Mit einer kurzen Unterbrechung, in der ich ein Jahr lang schlafe.

Liebes Tagebuch,

heute war ich die Neujahrsansprache des Kanzlers, aber ich war die Neujahrsansprache vom letzten Jahr. Weil ich auf dem Weg ins Archiv war, den Weg ins Archiv nicht gefunden habe und deshalb zurückgekommen bin.

1987
MANN

Liebes Tagebuch,

heute war ich das Treffen von dem Herrn Helmut und dem Herrn Erich. Und manchmal habe ich gedacht, dass ich doch eher das Treffen von dem großen Bud und dem kleinen Terence bin.

Liebes Tagebuch,

heute war ich das Begrüßungsgeld für DDR-Besucher in der Bundesrepublik. Ich habe zugenommen und bin nun nicht mehr zwei Mal dreißig Mark, sondern ein Mal einhundert Mark schwer.

Liebes Tagebuch,

heute war ich ein reines Bier nach dem Reinheitsgebot. Wenn jetzt die unreinen Biere nicht nach dem Reinheitsgebot kommen, muss ich mir dann auch nicht mehr meinen unreinen Flaschenhals reinigen?

1988
FRAU

Liebes Tagebuch,

heute war ich die dreißigtausend Jahre alte Venusfigurine „Venus vom Galgenberg". Einer der Archäologen wollte meinen Fundort Galgenberg in seiner Freude gleich in Venushügel umbenennen.

Liebes Tagebuch,

heute war ich der erste Kunststoff-Geldschein. Alle finden mich toll, nur die Millionäre finden mich doof. Weil man mit mir keine Zigarren anzünden kann.

Liebes Tagebuch,

heute war ich der Dachs mit dem „X". Nein, nicht der Dachs in der einen Höhle, sondern der Dachs in der anderen Höhle, der Börse. Ich werde viel Kraft brauchen, denn ich soll ständig nach oben klettern. Ohne Seil.

1988
MANN

Liebes Tagebuch,

heute war ich ein Wendehals und ich war Vogel des Jahres. Ich werde mich jetzt zügig vermehren, damit es im nächsten Jahr, im Wendejahr, viele kleine Wendehälse gibt.

Liebes Tagebuch,

heute war ich der erste echte Computerwurm im Internet. Weil ich einen Teil des weltweiten Netzes gefressen habe, haben nun alle Angst vor Würmern. Nur die Biologen nicht.

Liebes Tagebuch,

heute war ich ein „Inter" und ein „City" zum Experimentieren. Mit vierhundertsechs Kilometern pro Stunde bin ich der schnellste Zug der Welt. Aber nicht lange, dann habe ich wie alle Kollegen auch Verspätung.

1989
FRAU

Liebes Tagebuch,

heute war ich das Brandenburger Tor. Ich wurde wieder geöffnet und ich bin bei dem Andrang froh, dass ich kein Schiebetor oder Rolltor oder Automatiktor bin.

Liebes Tagebuch,

heute war ich die Liebesparade in Berlin. Aber irgendwie ist bei mir nichts mit Love, bei mir ist nur etwas mit Migräne wegen der Lautstärke. Aber die nackten Männer-Oberkörper sind schon schön.

Liebes Tagebuch,

heute war ich die Wahlfälschung bei den Kommunalwahlen in der DDR. Ich Wahlfälschung habe offiziell 98,85 % Zustimmung angegeben. Tatsächlich waren es aber 101,1 %.

1989
MANN

Liebes Tagebuch,

heute war ich die Berliner Mauer zwischen Ost-Berlin und West-Berlin und bin einfach und endlich umgefallen. Das war nach meiner Kenntnis ... ist das sofort, unverzüglich.

Liebes Tagebuch,

heute war ich der „Spieljunge" aus Japan. Ich wurde aber nicht erfunden, um Kinder zu erfreuen, ich wurde erfunden, um nervöse Eltern mit meinen Tönen zu nerven.

Liebes Tagebuch,

heute war ich der Lange Donnerstag nach dem Ladenschlussgesetz. Aber ich habe trotzdem nur vierundzwanzig Stunden und keine Sekunde mehr.

1990
FRAU

Liebes Tagebuch,

heute war ich die Mark der DDR und wurde von der Deutschen Mark abgelöst. Diese kleine Schlampe hatte es ja schon immer auf die Kerle in meiner Nähe abgesehen. Aber sie hat eben einen viel strafferen Körper.

Liebes Tagebuch,

heute war ich der Sabber von einem niederländischen Fußballspieler bei der Fußball-WM. Eigentlich sollte ich den Onkel Schiedsrichter treffen, aber die Tante Käthe gefiel mir dann doch besser. Der blieb deshalb die Spucke weg.

Liebes Tagebuch,

heute war ich die Stadt Chemnitz und jetzt heiße ich wieder so, wie ich früher hieß. Und jetzt muss ich auch niemandem mehr erklären, dass Karl-Marx-Stadt nicht mit drei „o" und „Nischel" nicht mit „ü" geschrieben wird.

1990
MANN

Liebes Tagebuch,

heute war ich das Spiel mit den verbotenen Wörtern. Ich bin wie ein Besuch bei der Schwiegermutter: Auch dort darf ich bestimmte Begriffe nicht sagen und auch dort schaue ich ständig nach der Zeit.

Liebes Tagebuch,

heute war ich der Flugkapitän eines britischen Flugzeuges. Mein Cockpitfenster flog weg und ich wurde halb aus dem Fenster gesaugt. Nach der Landung konnte ich berichten, dass die Aussicht so auch nicht besser war.

Liebes Tagebuch,

heute war ich das Weltraumteleskop, das so ähnlich klingt wie Bubble. Ich werde gleich mal schauen, ob ich von hier oben in ein Fußballstadion dort unten schauen kann. Oder in die Dusche meiner Kollegin.

1991
FRAU

Liebes Tagebuch,

heute war ich der Frauenstreik der Frauen in der Schweiz. Wir wollen gleiche Rechte für Mann und Frau. Aber wir wollen natürlich trotzdem keine Haare in der Nase und auf dem Rücken. Irgendwo gibt es eine Grenze.

Liebes Tagebuch,

heute war ich der Windstrom aus dem Windrad hinter dem Haus. Nach dem Stromeinspeisungsgesetz darf ich jetzt in das öffentliche Stromnetz eingespeist werden. Als Nachspeise sozusagen.

Liebes Tagebuch,

heute war ich die Schauspielerin Elizabeth und ich war schon wieder eine Braut. Seltsam, der Kerl ist mein siebenter Ehemann auf meiner achten Hochzeit. Habe ich denn einmal ohne Ehemann geheiratet?

1991
MANN

Liebes Tagebuch,

heute war ich der Sendemast in Konstanty-
nów in Polen und bin als höchstes Bauwerk
der Welt einfach eingestürzt. Wahrscheinlich
habe ich Sendemast das mit der Sendepause
irgendwie falsch verstanden.

Liebes Tagebuch,

heute war ich der Diego bei einem Fußball-
verein in Italien. Ich habe ein Pülverchen ge-
nossen, aber dieses Pülverchen war irgendwie gar kein Puderzückerchen. Hat mir das
etwa wieder „die Hand Gottes" gereicht?

Liebes Tagebuch,

heute war ich der russische Boris. Bevor ich
mit der Arbeit als Präsident beginne, muss
ich erst einmal schauen, ob es auch ausrei-
chend Speisen und Getränke gibt. Ich habe
nämlich Durst.

1992
FRAU

Liebes Tagebuch,

heute war ich die Sharon in dem Film „Urinstinkt". Sicherheitshalber habe ich mal einen weißen Taillenschlüpfer aus reiner Baumwolle angezogen, mit Gummizug im Bund, elastischem Beinabschluss und Doppelzwickel. Man kann nie wissen.

Liebes Tagebuch,

heute war ich der gelbe Pullunder von dem Herrn Hans-Dietrich. Weil der nun nicht mehr als Pullunder-Man durch die Welt fliegt, fliege ich auch nicht mehr. Und kann endlich einmal als Kochwäsche gewaschen werden.

Liebes Tagebuch,

heute war ich der Kulturkanal und ging auf Sendung. Woher bekomme ich aber jetzt ein paar Filme, die nichts mit nackten Frauen, nackten Kanonen und Fußball zu tun haben?

1992
MANN

Liebes Tagebuch,

heute war ich der Galileo. Weil ich rehabilitiert wurde, frage ich mich, ob mir nun für die letzten dreihundertfünfzig Jahre das Urlaubs- und Weihnachtsgeld und die Rente nachgezahlt werden.

Liebes Tagebuch,

heute war ich das Stasi-Unterlagen-Gesetz. Ich muss dem Mann dort erklären, dass er jetzt die Schnipsel wieder mühsam zusammensetzen muss, die er vor drei Jahren mit seinem Aktenvernichter mühelos erzeugt hat.

Liebes Tagebuch,
heute war ich die dänische Fußball-National-mannschaft. Am Vormittag lag ich noch am weißen Strand im Urlaub, am Nachmittag lag ich schon im grünen Gras bei der Fußball-Europameisterschaft. Ich werde mal schnell alles gewinnen, damit ich schnell wieder an den Strand kann.

1993
FRAU

Liebes Tagebuch,

heute war ich die fünfstellige Postleitzahl in Deutschland. Ich wundere mich immer noch, warum die Leute lieber eine Null am Ende im Westen als eine Null am Anfang im Osten haben wollen.

Liebes Tagebuch,

heute war ich ein Einkaufswagenchip, über den der Minister Jürgen gestolpert ist. Das mit dem Stolpern über mich geht wirklich. Wenn man mich mit dem Briefpapier eines Ministeriums empfiehlt.

Liebes Tagebuch,

heute war ich die hölzerne Kapellbrücke in Luzern. Mir wurde heiß und heißer und ganz heiß und dann brannte ich gemeinsam mit meinen Gemälden ab. Hoffentlich habe ich eine Brandversicherung.

1993
MANN

Liebes Tagebuch,

heute war ich ein Fuchs-Panzer in einer Justizvollzugsanstalt in Hessen. Ich war ein bisschen durcheinander, durchbrach vier Gefängnistore und nahm gleich einen Häftling vom Gefängnishof mit.

Liebes Tagebuch,

heute war ich der Goldschatz in Trier und wurde bei Ausgrabungsarbeiten gefunden. Und nun suche ich seit Stunden im Internet, wie der Umrechnungskurs von römischen Goldmünzen in Deutsche Mark ist.

Liebes Tagebuch,

heute war ich der Präsident, der niemals eine Affäre mit seiner Praktikantin hatte. Der eigentlich auch niemals eine Affäre mit seiner Ehefrau hatte. Und der eigentlich niemals Präsident war. Oder doch?

1994
FRAU

Liebes Tagebuch,

heute war ich die Bahn. Ich bin eine schlimme Frau, denn ich bin schmutzig, ich bin zu kalt oder zu heiß, ich komme zu spät und die Leute reden schlecht über mich.

Liebes Tagebuch,

heute war ich der Insiderhandel und wurde verboten. Deshalb habe ich mir auch die Schuhe nicht gekauft, die im Prospekt für zwanzig Prozent weniger angeboten wurden.

Liebes Tagebuch,

heute war ich der europäische Tunnel zwischen Großbritannien und Frankreich und schäme mich. Weil eine anständige Frau nicht einfach zwischen zwei Ländern unter einem Kanal herumliegt.

1994
MANN

Liebes Tagebuch,

heute war ich der Dagobert. Nicht die Ente aus Amerika, sondern der Kaufhauserpresser aus Berlin. Wenn ich jetzt hinter schwedische Gardinen muss, muss ich dann in ein schwedisches Möbelkaufhaus?

Liebes Tagebuch,

heute war ich der Ritter in Italien. Als Chef muss ich jetzt den ganz engen Kontakt zu meinen Wählern pflegen. Und zu meinen Wählerinnen auf meinen Bunga-Bunga-Partys.

Liebes Tagebuch,

heute war ich der Paragraf einhundertfünfundsiebzig des deutschen Strafgesetzbuches und ich bin nicht mehr. Und ich bin froh, dass ich nicht mehr bin, denn ich war böse und gemein und überflüssig wie ein Pickel auf der Nase.

1995
FRAU

Liebes Tagebuch,

heute war ich die Siedler von Dingsda. Ich soll Straßen, Siedlungen und Städte bauen. Ob ich dabei auch so einen gelben Helm und gelbe Gummistiefel tragen muss?

Liebes Tagebuch,

heute war ich die Pflegeversicherung. Endlich darf ich mir selbst die ganzen teuren Sachen für Gesichtspflege, Haarpflege, Handpflege, Fußpflege und Nagelpflege bezahlen.

Liebes Tagebuch,

heute war ich der indische Film mit einer Braut in einem Kino in Mumbai. Weil ich hier noch mehr als eintausend Wochen ununterbrochen laufen werde, werde ich mir wohl besser flache Schuhe anziehen.

1995
MANN

Liebes Tagebuch,

heute war ich der Reichstag in Berlin und wurde vollkommen eingepackt. Im ersten Moment habe ich gedacht, dass ich auch noch in einen Kofferraum gelegt und nach Bonn entführt werde.

Liebes Tagebuch,

heute war ich der Baulöwe Jürgen und wurde in Miami festgenommen. In Miami haben sie mich Baulöwen nicht in einen Käfig gesteckt, aber in Deutschland werden sie es wohl tun.

Liebes Tagebuch,

heute war ich der Komet Hale-Bopp. Den Doppelnamen habe ich, weil mich zwei Wissenschaftler mit diesen Namen entdeckt haben. Und nun bin ich froh, dass es nicht vier oder sieben Wissenschaftler waren.

1996
FRAU

Liebes Tagebuch,

heute war ich ein Schaf und das erste geklonte Säugetier. Wenn die in diesem Institut noch ein paar Schafe-Schwestern von mir herstellen, kann ich später den Schäfer heiraten. Oder den Schäferhund.

Liebes Tagebuch,

heute war ich die indische Stadt Bombay und heiße nun Mumbai. Jetzt muss ich mir ein neues Navigationsgerät kaufen, weil mich mein altes Navigationsgerät nicht mehr findet.

Liebes Tagebuch,

heute war ich eine schwedische Politikerin in der Schoko-Affäre. Ich habe aber leider keine heiße Affäre mit einem Kerl, nur eine kalte mit meiner dienstlichen Kreditkarte. Mit der ich privat auch zwei Schokoriegel gekauft habe.

1996
MANN

Liebes Tagebuch,

heute war ich der tiefblaue Schachcomputer und habe eine Partie gegen den amtierenden Schachweltmeister gewonnen. Jetzt fühle ich mich aber trotzdem ein bisschen matt.

Liebes Tagebuch,

heute war ich ein Wind mit der höchsten jemals auf der Erde gemessenen Windgeschwindigkeit von über vierhundert Kilometern pro Stunde auf Barrow Island in Australien. Und nun wollen mich alle für ihre Windräder haben.

Liebes Tagebuch,

heute war ich der Kennewick-Mann aus dem Jahr siebentausendnochetwas vor Christus in der Stadt Kennewick. Kann der Detektiv mit dem alten Mantel mal bitte herausfinden, wer mich damals mit einem Speer erlegt hat?

1997
FRAU

Liebes Tagebuch,

heute war ich die Ruck-Rede des Präsidenten. Ich fordere einen Ruck, der nun durch
Deutschland gehen muss, ich fordere aber
kein Erdbeben und auch kein Zittern.

Liebes Tagebuch,

heute war ich Hongkong. Nach neunund-
neunzig Jahren wurde ich von meiner alten
Mama Großbritannien an meine neue Mama
China übergeben. Mal sehen, ob meine neue
Mama kochen kann.

Liebes Tagebuch,

heute war ich der erste genehmigte Stolper-
stein mit Gedenktafel zur Erinnerung an die
Opfer des Nationalsozialismus. Wenn Männer mich betrachten, ist das schön, aber
wenn Frauen mir mit spitzen Absätzen auf
den Kopf treten, ist das nicht schön.

1997
MANN

Liebes Tagebuch,

heute war ich der böse Boxer Mike und habe meinem guten Gegner ein Stück von seinem Ohr abgebissen. Keine Ahnung, warum die sich alle so aufregen, ich hatte einfach den ganzen Tag noch nichts gegessen.

Liebes Tagebuch,

heute war ich der Jan mit dem Fahrrad und habe die Fahrrad-Fahrt durch Frankreich gewonnen. Ich sollte von Frankreich wohl doch besser gleich direkt nach Deutschland zurückfahren. Und keinen Umweg über einen Arzt in Spanien nehmen.

Liebes Tagebuch,

heute war ich das einst größte Schiff der Welt und bin in einem Film zum zweiten Mal untergegangen. Ich konnte nicht anders, als ich die Sängerin am Bug stehen und mit wehendem Röckchen „Mein Herz" singen sah.

1998
FRAU

Liebes Tagebuch,

heute war ich der große Lauschangriff. Der will ich aber lieber doch nicht sein, weil ich jetzt mithören muss, was die Nachbarn nebenan in ihrer Wohnung so alles von sich geben. Und das ist nicht wirklich schön.

Liebes Tagebuch,

heute war ich der Gerhard und wurde Kanzler. Jetzt hole ich mir mit der ruhigen Hand eine suboptimale Flasche Bier, feiere mit Zeitung und Glotze und streiche mir über meine nicht getönten Haare. Basta!

Liebes Tagebuch,

heute war ich die Rechtschreibreform und gelte ab sofort. Wenn ich mich aber so ansehe, werde ich wohl lieber nicht mehr schreiben, sondern nur noch malen. Das werden lustige Einkaufslisten.

1998
MANN

Liebes Tagebuch,

heute war ich ein Tor in einem Stadion in Madrid. Weil ich eine Minute vor Spielbeginn gefallen bin, bin ich das schnellste Tor aller Zeiten in der europäischen Meisterliga. Nach sechsundsiebzig Minuten stand ich aber wieder.

Liebes Tagebuch,

heute war ich die blaue Pille für den Mann. Eine Frau hat mich aber bei ihrem Mann gefunden und vor Schreck ins Waschbecken geworfen. In dem stehen nun alle Messer und Gabeln und Löffel.

Liebes Tagebuch,

heute war ich ein Mann in Montana in den Vereinigten Staaten. Durch eine E-Mail-Wahl wurde ich zum Papst Pius gewählt, danach ließ ich aus meinem Kamin weißen Rauch aufsteigen. Ich sollte weniger trinken.

1999
FRAU

Liebes Tagebuch,

heute war ich die Zahnpasta von einem Langstreckenläufer. Alle glotzen mich an und alle
wollen sich mit mir ihre Zähne putzen, damit
alle so schnell und so lange laufen wie der
Langstreckenläufer.

Liebes Tagebuch,

heute war ich Melissa, der Computervirus.
Ich habe Milliarden von E-Mails verschickt,
aber keine einzige Antwort bekommen. Dabei
wollte ich doch nur ein bisschen reden.

Liebes Tagebuch,

heute war ich ein mehr als sieben Meter ho-
hes Kartenhaus mit mehr als einhundert-
dreißig Etagen mit mehr als neunzigtausend
Karten. Ob die in dem schwedischen Möbelhaus die passenden Möbel für mich haben?

1999

MANN

Liebes Tagebuch,

heute war ich der Euro und wurde als Buch-geld eingeführt. Ich Buchgeld wollte gleich in einem Buchladen ein Buch kaufen, aber die in dem Buchladen wollten mich Buchgeld nicht annehmen. Nun lese ich nicht mehr.

Liebes Tagebuch,

heute war ich ein rumänisches Auto. Dem französischen Auto gehören nun einundfünf-zig Prozent von mir. Also die Frontscheibe, die Heckscheibe, der Kofferraumdeckel, das Dach, das Lenkrad, das Radio, der rechte Scheinwerfer und die Nebelschlussleuchte.

Liebes Tagebuch,

heute war ich der fünfte Mambo von dem Lou. Jetzt hetze ich von Fernsehsender zu Fernsehsender und zwischendurch nach Mallorca. War das schön, als ich noch der vierte Mambo und noch unbekannt war.

2000
FRAU

Liebes Tagebuch,

heute war ich die erste blaue Kunstaktion in der Nacht in Nürnberg. Es könnte durchaus sein, dass ich auch als erste blaue Frau in die Geschichte Nürnbergs eingehe, wenn ich noch einen Prosecco trinke.

Liebes Tagebuch,

heute war ich die Post in Deutschland. Ich bin an die Börse und an die Börsen gegangen, an die richtige Börse mit den Aktien und an die falschen Börsen der Aktionäre. Muss ich nun auch Dividenden ausschütten?

Liebes Tagebuch,

heute war ich die erste Babyklappe in Hamburg. Und nun hoffe ich, dass ich meine Klappe halten kann und nicht öffnen muss. Babys schreien nämlich, deshalb sollen die mal schön bei ihren Eltern bleiben.

2000
MANN

Liebes Tagebuch,

heute war ich das Pferd mit dem ersten Pferdepass. Bevor ich den bekam, musste ich aber erst einmal für ein Passfoto zum Fotografen. Und dort durfte ich nicht lachen und nicht meine Pferdezähne zeigen.

Liebes Tagebuch,

heute war ich der erste Nachrichtensender. Ich bin aber leider kaum zu sehen, weil die Laufbänder mit den Börsenkursen oben und unten und links und rechts über mein Gesicht laufen.

Liebes Tagebuch,

heute war ich ein deutsches Mobilfunkunternehmen. Mannomann, nun bin ich aber kein Mann und schon gar keine Frau mehr, nun bin ich das ungezogene Kind eines britischen Mobilfunkunternehmens. Und muss wohl bald im Haushalt helfen.

2001
FRAU

Liebes Tagebuch,

heute war ich das Gesetz zur Bekämpfung gefährlicher Hunde. Ich werde morgen gleich mal gegen meinen Arbeitskollegen wirksam werden. Aber eigentlich ist der ja kein gefährlicher, sondern nur ein blöder Hund.

Liebes Tagebuch,

heute war ich eine Frau in der Bundeswehr. Ich werde nun nicht mehr nur an der Spritze, sondern auch an der Waffe ausgebildet. Und muss mich im Kampf mit Männern nun nicht mehr auf meinen Lippenstift beschränken.

Liebes Tagebuch,

heute war ich das Abkommen zum Schutz der Wale im Schwarzen Meer, im Mittelmeer und in den angrenzenden Zonen. Wale im Mittelmeer? Die Touristen sollten mal schnell die Füße aus dem Wasser nehmen.

2001
MANN

Liebes Tagebuch,

heute war ich das Rabattgesetz und wurde durch das Gesetz zur Aufhebung des Rabattgesetzes aufgehoben. Und trotzdem hassen mich alle Männer, weil alle Frauen jetzt mehr Rabatt bekommen und mehr einkaufen.

Liebes Tagebuch,

heute war ich der neue oberste Bürgermeister von Berlin, der Klaus - und das ist auch gut so. Nicht so gut ist das mit dem Flughafen Berlin, aber den kann ich schließlich nicht allein bauen.

Liebes Tagebuch,

heute war ich der Personentransporter mit den zwei großen Rädern. Zum Fahren muss ich mich nach vorn und nach hinten und nach links und rechts beugen. War der Erfinder Orthopäde?

2002
FRAU

Liebes Tagebuch,

heute war ich die Himmelsscheibe. Ich wurde zuerst in Nebra von Räubern und zuletzt in Basel von der Polizei gefunden. Und bin wie jedes weibliche Wesen von unschätzbarem Wert und für Millionen versichert.

Liebes Tagebuch,

heute war ich der Euro und wurde in allen Euro-Ländern in Umlauf gebracht. Und jetzt laufe ich in allen Euro-Ländern um und ich laufe und laufe und laufe. Weil ich einen richtigen Lauf habe.

Liebes Tagebuch,

heute war ich eine argentinische Frau und habe einen niederländischen Prinzen geheiratet. Wenn der schon niederländischer König wäre, könnte der dann befehlen, dass die niederländische Fußball-Nationalmannschaft doch mit zur WM fährt?

2002
MANN

Liebes Tagebuch,

heute war ich die blaue Disc. Ich bin käuflich und alle Leute wollen mich kaufen, weil alle Leute ihren Film auf der silbernen Disc noch einmal auf mir blauer Disc kaufen wollen. Und die Verkäufer wollen das auch.

Liebes Tagebuch,

heute war ich der Meteorit Neuschwanstein und schlug in der Nähe von Schloss Neuschwanstein in Einzelteilen auf die Erde auf. Alle waren froh, dass ich als Meteorit Neuschwanstein und nicht als Schloss Neuschwanstein aufschlug.

Liebes Tagebuch,

heute war ich der Skispringer Sven und habe alle vier Springen der Tournee mit den vier Schanzen und damit die Tournee mit den vier Schanzen gewonnen. Und nun soll ich auch noch für einen Schachmeister als Springer arbeiten.

2003
FRAU

Liebes Tagebuch,

heute war ich die Nachbildung des Bern-
steinzimmers im Katharinenpalast irgendwo
in der Nähe von Sankt Petersburg. Die ersten
Leute stehen schon mit ihren Umzugskar-
tons draußen und wollen in mich einziehen.

Liebes Tagebuch,

heute war ich ein Flugzeug mit der Nummer
siebenhundertsiebenundzwanzig auf dem
angolanischen Flughafen in Luanda. Ein
Mann hat mich einfach von meiner Parkposi-
tion auf dem Rollfeld gestohlen. Weil er wohl
kein Auto vom Parkplatz und kein Fahrrad
stehlen konnte.

Liebes Tagebuch,

heute war ich die Zigarette in Europa. Ich
darf nicht mehr Leicht oder Superleicht oder
Ultraleicht oder Vollleicht heißen, deshalb
heiße ich jetzt Blau oder Eins. Schädlich bin
ich aber trotzdem.

2003
MANN

Liebes Tagebuch,

heute war ich der Rudolf-Rudi. Und der Waldi und der Günti und der Gerhardi waren böse zu mir. Weil die alle drei Weizenbier getrunken und mir kein Weizenbier gegeben haben. Nun bin auch ich böse. Und nüchtern.

Liebes Tagebuch,

heute war ich das letzte Flugzeug mit der beweglichen Nase. Ich darf nun nicht mehr von Paris oder London nach New York fliegen, ich darf nun gar nicht mehr fliegen, ich darf nun nur noch stehen und angestarrt werden.

Liebes Tagebuch,

heute war ich das Mautsystem für Lkw. Ich funktioniere noch nicht richtig, deshalb funktioniere ich erst einmal gar nicht. Also lege ich mich wieder in mein Bett und schlafe noch ein Jahr.

2004
FRAU

Liebes Tagebuch,

heute war ich die Kunstklappe in Wien. Kunsträuber sollen mir anonym gestohlene Kunstwerke zurückgeben. Deshalb will der Kerl da wohl auch seine geschmacklos geschminkte Geliebte durch mich Kellerfenster schieben.

Liebes Tagebuch,

heute war ich die Praxisgebühr. Für jeweils zehn Euro kann ich mir nun einmal im Quartal einen Arzt, einen Zahnarzt und einen Notarzt kaufen. Der Doktor George wird aber wohl teurer sein.

Liebes Tagebuch,

heute war ich als Gemeine Kahnschnecke das Weichtier des Jahres. Werde ich jetzt von diesem gemeinen Torwart in München die gemeine Schnecke und dabei weich oder zum Tier werden?

2004
MANN

Liebes Tagebuch,

heute war ich das weltweit erste landesweite Rauchverbot in Irland. Für einen Nichtraucher bin ich doppelt gut: Der muss nicht mehr passiv rauchen. Und der muss seiner Frau nicht mehr erklären, warum er schon wieder im Pub war.

Liebes Tagebuch,

heute war ich der Lange Oskar in Hagen und wurde gesprengt. Nein, keine Angst, ich bin kein Einwohner, ich bin nur das höchste Bürohochhaus in Europa. Aber nun bin ich es natürlich nicht mehr.

Liebes Tagebuch,

heute war ich das letzte Kohlebergwerk in Frankreich in Creutzwald und wurde geschlossen. Hier wird nun keine Kohle mehr gefördert, hier wird nun nur noch Kohle gefordert.

2005
FRAU

Liebes Tagebuch,

heute war ich die Frauenkirche in Dresden und wurde nach dem Wiederaufbau endlich eröffnet. Auch Männer dürfen mich natürlich betreten, aber die dürfen wie zu Hause natürlich nur anschauen und nicht anfassen.

Liebes Tagebuch,

heute war ich die Angela und wurde die oberste Frau in Deutschland. Ich habe als berufstätige Frau keine Zeit, deshalb habe ich mir beim Versandhaus unter meinem Mädchennamen gleich einhundert farbenfrohe Hosenanzüge bestellt.

Liebes Tagebuch,

heute war ich der Rote Kristall. Ich bin ein auf der Spitze stehendes rotes Quadrat und das neue gemeinsame Zeichen der Hilfsorganisationen mit dem roten Kreuz und dem roten Halbmond. Und deshalb kann mich auch niemand beim Juwelier kaufen.

2005
MANN

Liebes Tagebuch,

heute war ich der Fußball-Schiedsrichter Robert aus dem Fußball-Wettskandal. Warum regen die sich alle so auf? Alle Mütter und alle Väter betrügen doch auch und lassen ihre Kinder auch beim Spielen gewinnen.

Liebes Tagebuch,

heute war ich der Papst Benedetto. Wahrscheinlich gibt es aber mehrere Päpste, denn in der Zeitung haben welche „Wir sind Papst!" geschrieben. Da muss ich mein altes Auto schnell waschen und schnell verkaufen.

Liebes Tagebuch,

heute war ich das Höchstalter für Einberufungen im Verteidigungsfall. Da ich nun meine Männer bis sechzig Jahre einberufen kann, sollten die bis zu diesem Alter weniger essen und mehr laufen. Danach ist mir das egal.

2006
FRAU

Liebes Tagebuch,

heute war ich der Löwe, das Maskottchen der Fußball-Weltmeisterschaft in Deutschland. Ohne Höschen und mit Pille in der Hand treibe ich mich in Fußballstadien herum. Ich möchte nicht wissen, was die Leute von mir denken.

Liebes Tagebuch,

heute war ich die Galapagos-Riesenschild-kröte Harriet und bin jetzt im Riesenschild-krötenhimmel. Aber nach einhundertfün-fundsiebzig Jahren ohne Kerl und ohne Kre-ditkarte reicht es ja auch irgendwann einmal.

Liebes Tagebuch,

heute war ich die Natascha. Nach acht Jah-ren in Gefangenschaft konnte ich mit acht-zehn Jahren fliehen. Ich kaufe mir jetzt eine Zeitmaschine, drehe die Zeit zurück und hole meine Kindheit nach.

2006
MANN

Liebes Tagebuch,

heute war ich der Hauptbahnhof in Berlin. Danke, liebe Bahn, liebe S-Bahn und liebe U-Bahn, durch euch habe ich nun täglich eine ganze Menge Besucher und eine ganze Menge Verkehr.

Liebes Tagebuch,

heute war ich der alte russische Raumanzug, der ohne menschlichen Inhalt und leer als Satellit „AnzugSat" die Erde umkreist. Bald folgen mir wahrscheinlich noch „SockenSat" und „UnterhosenSat".

Liebes Tagebuch,

heute war ich ein französischer Fußballspieler. Im Finale der Fußball-Weltmeisterschaft habe ich einen italienischen Fußballspieler außer Betrieb genommen. Weil der nicht mein Trikot, sondern lieber meine Schwester haben wollte.

2007
FRAU

Liebes Tagebuch,

heute war ich das Flugzeug am Hauptbahnhof München, in das der nun äääähemalige bayerische Boss einsteigen kann. Nachdem er in einer Magnetbahn am Flughafen in München zehn Minuten lang schwebend gekommen ist. Oder so ähnlich.

Liebes Tagebuch,

heute war ich die Rente mit siebenundsechzig Jahren. Wenn ich jetzt bis 67 arbeiten muss, mache ich mir gleich mal ein paar Brote und ein paar Kaffee mehr, damit ich später auf Arbeit genug Verpflegung habe.

Liebes Tagebuch,

heute war ich die deutsche Handballnationalmannschaft der Männer und wurde Weltmeister. Weltmeister im Handball im eigenen Land – so geht das, ihr lieben Fußballer!

2007
MANN

Liebes Tagebuch,

heute war ich der Basistunnel im Lötschberg in der Schweiz. Alle Männer in allen Zügen lieben mich, weil sie in mir Tunnel auf vierunddreißig Kilometer Dunkelheit ihre Frauen nicht sehen müssen.

Liebes Tagebuch,

heute war ich der Speer eines finnischen Speerwerfers und traf einen französischen Weitspringer in den Rücken. Zum Glück geht es dem wieder gut und zum Glück hat der mich nicht gleich zerbrochen.

Liebes Tagebuch,

heute war ich der Herr Henry im Boxen. Nach zehn Jahren habe ich den verprügelt, der mich als einziger Typ vor zehn Jahren verprügelt hat. Und jetzt gehe ich wieder heim und lasse das Fernsehen wieder weinen.

2008
FRAU

Liebes Tagebuch,

heute war ich das Abkommen zur Erhaltung der Gorillas und ihrer Lebensräume. Mein unrasierter und ungeduschter Mann darf durch mich also weiter in unserem Haus wohnen und seine Garage behalten.

Liebes Tagebuch,

heute war ich der Berliner Flughafen Tempelhof und wurde geschlossen. Das sollte ich wohl gleich mal den Leuten an der Landebahn mitteilen, die noch immer auf Süßigkeiten aus den Rosinenbombern warten.

Liebes Tagebuch,

heute war ich das Mäuseöhrchen und das Weichtier des Jahres. Auweia, ich wusste gar nicht, dass meine Cellulite schon so schlimm ist und für ein Weichtier-Jahr ausreicht.

2008
MANN

Liebes Tagebuch,

heute war ich ein Brief nach der Aufhebung des Briefmonopols in Deutschland. Wenn meine Brief-Freunde jetzt auch in rote, blaue und grüne Briefkästen geworfen werden, werde ich in meinem gelben Briefkasten wohl bald ganz allein sein.

Liebes Tagebuch,

heute war ich die erste fahrerlose U-Bahn in Deutschland. Der Betrieb mit Fahrer Lose war mir aber viel lieber als der fahrerlose Betrieb. Hoffentlich bin ich deshalb nicht morgen eine fahrgastlose U-Bahn.

Liebes Tagebuch,

heute war ich ein chinesisches Auto in Peking. Während der sommerlichen Olympiaspiele darf ich nur an jedem zweiten Tag fahren. Oder an jedem dritten Tag das Doppelte. Oder an jedem vierten Tag ein Viertel. Oder so.

2009
FRAU

Liebes Tagebuch,

heute war ich die Finanzkrise. Ich weiß nicht, wie ich entstanden bin, ich weiß nur, dass die Leute in den Banken nur ein bisschen mit den Leuten mit dem Geld spielen wollten.

Liebes Tagebuch,

heute war ich das Versandhaus mit dem „Q" und bin weg. Allen, die nun nicht mehr in meinem dicken Katalog blättern können, empfehle ich, mal im dicken Telefonbuch oder in Goethes Faust zu blättern.

Liebes Tagebuch,

heute war ich die First Frau in Amerika. Bitte interessiert euch auch für die Arbeit meines Mannes und nicht nur für meine schönen Oberarme und meine schönen Kleider.

2009
MANN

Liebes Tagebuch,

heute war ich ein Flugzeug und bin auf dem Hudson-Fluss in New York gelandet. Ich glaube nicht, dass das normal ist, ich glaube eher, dass das ziemlich nass und kalt ist.

Liebes Tagebuch,

heute war ich ein künstlicher Erdtrabant und bin mit einem anderen künstlichen Erd-trabanten in der Erdumlaufbahn kollidiert. Trotzdem bin ich froh, dass ich kein natürli-cher Trabant auf der Autobahn bin.

Liebes Tagebuch,

heute war ich der neue Simbabwe-Dollar in Simbabwe. Für eine Billion alte Simbabwe-Dollar kann mich neuen Simbabwe-Dollar nun jeder bekommen. Aber wer hat schon eine Billion alte Simbabwe-Dollar?

2010

FRAU

Liebes Tagebuch,

heute war ich die Erika Mustermann und ich habe jetzt einen neuen, also einen neuen und elektronischen Personalausweis. Bin ich in Wirklichkeit wirklich so schön wie auf dem Personalausweisfoto?

Liebes Tagebuch,

heute war ich eine kolumbianische Sängerin. Zusammen mit einer Band habe ich den Song „Dieses Mal für Afrika" für die Fußball-Weltmeisterschaft gesungen. Aber ich würde lieber mit einem spanischen Fußball-Weltmeister singen.

Liebes Tagebuch,

heute war ich die Rudi oder so ähnlich, die Freundin von einem Mann in Italien. Ich bin nicht minderjährig, ich bin auch nicht minderwertig, ich bin schon über achtzig Jahre alt und könnte seine Mutter sein.

2010
MANN

Liebes Tagebuch,

heute war ich der Christian und nun bin ich Präsident. Präsident? Moment mal, so war das aber nicht abgesprochen. Ich wollte doch Kanzler werden. Da rufe ich gleich bei der Zeitung mit dem Rubikon an.

Liebes Tagebuch,

heute war ich der Burj-Turm in Dubai. Ich bin mit über achthundert Metern das höchste Bauwerk der Welt. Kann mir zur Einweihung mal jemand eine heiße Milch bis ganz nach oben bringen?

Liebes Tagebuch,

heute war ich einer von den dreiunddreißig Bergleuten, die beim Bergwerksunglück in Chile nach neunundsechzig Tagen gerettet wurden. Hoffentlich glaubt mir meine Frau, dass ich die ganze Zeit im Bergwerk und nicht bei der Nachbarin war.

2011
FRAU

Liebes Tagebuch,

heute war ich die deutsche Frauen-Fußball-Nationalmannschaft. Ja, liebe Fußball-Männer, ich war ein besserer Gastgeber als ihr damals. Denn ich habe meinen Gästen die besten Plätze überlassen, damit die sich wie zu Hause fühlen.

Liebes Tagebuch,

heute war ich die Volkszählung in der Union von Europa. Als ich mit der Zählung der schönen Italiener fast fertig war, hat eine Bekannte angerufen. Und ich durfte die ganzen schönen Italiener noch einmal zählen.

Liebes Tagebuch,

heute war ich die Raumsonde „Bote". Nach einer Reise von endlosen sieben Jahren bin ich endlich am Planeten Merkur angekommen. Und dabei war ich nicht einmal mit der Bahn unterwegs.

2011
MANN

Liebes Tagebuch,

heute war ich der große und blonde Thomas. Wetten, dass ich jetzt nicht mehr die Sendung mit den Wetten moderiere? Das wird aber auch Zeit, mit über sechzig Jahren kann ich doch nicht mehr in bunten Anzügen herumlaufen.

Liebes Tagebuch,

heute war ich der Doktorgrad von Karl-Theodor. So ein schöner Mann mit so einer schönen Frau, so schönen Kindern und einem so schönen Job. Und jetzt darf ich nicht mehr bei denen wohnen. Das Leben ist grausam.

Liebes Tagebuch,

heute war ich der Benedetto und ich war wieder einmal in Deutschland. Weil ich katholischer Vater wieder einmal sehen wollte, ob diese evangelische Pfarrerstochter immer noch regiert. Und sie regiert immer noch.

2012
FRAU

Liebes Tagebuch,

heute war ich eine von den Drogeriemarkt-Frauen. Und nun warten wir Drogeriemarkt-Frauen hier im Drogeriemarkt auf den Drogeriemarkt-Mann, den Chef. Aber auf den können wir lange warten.

Liebes Tagebuch,

heute war ich die Biene Maier und ich bin nun einhundert Jahre alt. In diesem Alter darf ich aber leider nicht mehr fliegen, weil ich die Landebahn nicht mehr erkennen kann. Und mein Fahrwerk tut auch schon weh.

Liebes Tagebuch,

heute war ich die einzige Finanzzeitung in Deutschland. Aber die bin ich nun nicht mehr, weil es mich nun nicht mehr gibt. Und deshalb liege ich auch nicht mehr mit der Hälfte meiner Auflage in Flugzeugen herum.

2012
MANN

Liebes Tagebuch,

heute war ich der Joachim aus Rostock und nun bin ich Präsident. Muss ich deshalb etwa in einem Schloss in Berlin leben? Und muss ich deshalb etwa auch noch in einer Kutsche zu diesem Schloss fahren?

Liebes Tagebuch,

heute war ich das „Finale zu Hause" in der europäischen Meisterliga in München. Weil ich zu Hause ein guter Gastgeber sein will, lasse ich die Gäste aus London gewinnen. Obwohl die mir nicht einmal Blumen oder Wein mitgebracht haben.

Liebes Tagebuch,

heute war ich der oberste Mann in Frankreich. Ich darf nichts durcheinanderbringen: Mit dem Roller fahre ich zu meiner heimlichen Freundin. Und mit dem Auto zu meiner unheimlichen obersten Frau.

2013
FRAU

Liebes Tagebuch,

heute war ich der blau-gelbe Baumarkt mit der Tiernahrung und den zwanzig Prozent und wurde geschlossen. Das ist schlimm, denn Ehemänner können nun keine Zuflucht mehr in mir suchen, wenn sie ihren Ehefrauen entkommen wollen.

Liebes Tagebuch,

heute war ich die Fünf-Prozent-Hürde bei der Wahl für den Bundestag. Der kleine Philipp von dieser kleinen Partei ist voll gegen mich gelaufen und nicht mehr über mich gesprungen. Und nun darf er nicht mehr mit den anderen Jungs spielen.

Liebes Tagebuch,

heute war ich der Franz in Rom. Bevor ich mit meiner neuen Arbeit beginne, muss ich erst einmal zum Gästehaus laufen, mein Gepäck abholen und mein Zimmer bezahlen.

2013
MANN

Liebes Tagebuch,

heute war ich ein Fernbus und darf nun durch Deutschland fahren. Aber bei den vielen Baustellen und Staus und den schlechten Straßen möchte ich lieber ein Flugzeug sein und über Deutschland fliegen.

Liebes Tagebuch,

heute war ich der Geistliche mit dem schwierigen Namen in Limburg. Mein Gott, warum regen die sich alle so auf? Mein Häuschen ist halt ein bisschen teurer geworden, weil es die zwanzig Prozent auf alles in diesem Baumarkt nicht mehr gibt.

Liebes Tagebuch,

heute war ich der oberste Adlige in den Niederlanden. Ich werde nach der Inthronisation als erste Anweisung gleich einmal anweisen, dass die niederländische Fußball-Nationalmannschaft endlich einmal Fußball-Weltmeister zu werden hat.

2014
FRAU

Liebes Tagebuch,

heute war ich die winterlichen Olympiaspiele in Sotschi. Ich finde ganz toll, dass es hier so warm ist. Da kann ich mich dann neben der Skipiste im Schnee gleich auf die Sonnenliege in der Sonne legen.

Liebes Tagebuch,

heute war ich der neue Zehn-Euro-Schein. Schön, dass ich nicht der neue Fünf-Euro-Schein aus dem letzten Jahr bin. Aber schlecht, dass ich nicht der neue Zwanzig-Euro-Schein aus dem nächsten Jahr bin.

Liebes Tagebuch,

heute war ich die Verkehrssünderkartei, die nun fahrbares Eignungsregister oder so und nicht mehr zentrales Verkehrsregister heißt. Eure Treuepunkte habe ich aber trotzdem noch, ich bin euch ja für immer treu.

2014

MANN

Liebes Tagebuch,

heute war ich der Klaus aus Berlin. Bevor mir der noch unfertige Flughafen nachträglich doch noch irgendwie um die Ohren fliegt, mache ich mal lieber als Regierender den Abflug. Und das ist auch gut so.

Liebes Tagebuch,

heute war ich der gelbe Automobilklub und niemand glaubt mir mehr. Die Leute glauben mir nicht einmal mehr, wenn die Sonne scheint und ich sage, dass die Sonne scheint. Die sagen, ich sei gemein und nicht mehr gemeinnützig.

Liebes Tagebuch,

heute war ich der Miro und bin als Weltmeister aus der Nationalmannschaft zurückgetreten. Meine weiblichen Fans müssen aber nicht nach einem neuen Lieblingsspieler suchen, sie können mit meinen Zwillingen bald zwei neue Lieblingsspieler finden.

2015

Liebes Tagebuch,

heute war ich nichts und niemand und nirgendwo.

Heute bin ich einfach nur glücklich, weil ich heute meinen großen Tag habe.

Und weil ich von euch viele schöne Geschenke bekomme.

Die bekomme ich doch, oder ;-)

Deshalb wünsche ich mir von ganzem Herzen:

HAPPY DAY!

2016

Liebes Tagebuch,

heute war ich …

Was ich heute war, schreibe ich in mein nächstes Tagebuch.

Bis bald!